2024年度浙江省哲学社会科学规划后期资助课题研究成果
（编号：24HQZZ029YB）

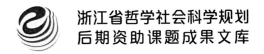
浙江省哲学社会科学规划
后期资助课题成果文库

中国地方政府财政竞争对区域创新的影响

要素流动的视角

The Impact of Fiscal Competition
Among Chinese Local Governments on Regional Innovation:
A Perspective on Factor Mobility

周明明◎著

ZHEJIANG UNIVERSITY PRESS
浙江大学出版社
·杭州·

图书在版编目（CIP）数据

中国地方政府财政竞争对区域创新的影响：要素流动的视角 / 周明明著. -- 杭州：浙江大学出版社，2024.12. -- ISBN 978-7-308-26110-4

Ⅰ. F812.7；F127

中国国家版本馆 CIP 数据核字第 2025JP3608 号

中国地方政府财政竞争对区域创新的影响：要素流动的视角
周明明　著

策划编辑	吴伟伟	
责任编辑	陈思佳（chensijia_ruc@163.com）	
文字编辑	谢艳琴	
责任校对	陈逸行	
封面设计	雷建军	
出版发行	浙江大学出版社	
	（杭州市天目山路 148 号　邮政编码 310007）	
	（网址：http://www.zjupress.com）	
排　　版	大千时代（杭州）文化传媒有限公司	
印　　刷	浙江新华数码印务有限公司	
开　　本	710mm×1000mm　1/16	
印　　张	13.25	
字　　数	206 千	
版 印 次	2024 年 12 月第 1 版　2024 年 12 月第 1 次印刷	
书　　号	ISBN 978-7-308-26110-4	
定　　价	68.00 元	

序　一

大约半个月前，接到周明明的电话，得知他的专著即将出版，作为他的论文指导教师，我由衷地感到欣喜。

回想起来，周明明是 2018 年考入暨南大学攻读博士学位的，2022 年完成学业并入职嘉兴大学。在我培养的博士研究生中，他是少数离开广州到求学地以外工作的学生。这一点与我当年离开北京到广州求职有相似之处。希望他在远离母校和导师的地方能有很好的发展，获得幸福的人生。

应该说，该书的写作过程是颇为坎坷的。周明明的本科和硕士研究生阶段所学的专业分别是统计学与数量经济学，具有较好的数理统计基础，这是他的长处，但要完成专著的创作则需要具备更扎实的理论功底。

财政竞争是从财政分权理论中衍生出来的话题，在最近十余年国内经济学研究中颇受关注。改革开放以后，地方政府在经济发展方面获得了前所未有的自主权，成为经济社会发展的重要推动力量。地方政府要实现更快的经济增长速度，就需要获得更多资源和要素，而为了吸引更多的资源和要素集聚，地方政府通常会倾向于进行更宽松的税收征管并提供更高质量的公共服务。一旦地方政府竞相采取这样的做法，那所谓的财政竞争便出现了。当经济发展到一定阶段时，原来主要依靠资源粗放投入的经济增长方式就越来越难以为继，创新便成为经济社会可持续发展的主要动力来源。于是，促进创新便成为地方政府的必然选择。从表象上看，地方财政竞争已从为增长而竞争转向了为创新而竞争，但就本质而言，为创新而竞争仍没有超出为增长而竞争的范畴。此时地方政府为促进本区域创新，需要通过财政竞争手段实现各种创新要素向本地集聚，这些创新要素包括风险资本和各类创新型人才等。如此，"财政竞

1

争—要素流动—区域创新"的逻辑链条便形成了。正是基于上述的思考过程，作者进行了深入的理论和实证研究。

当然，关于财政竞争对区域创新的影响还有一些深层次的问题值得思考。比如，地方政府为获得竞争优势倾向于降低税收征管努力程度，但同时税收的减少可能会降低公共服务的水平，那么，从财政收支两端综合考虑，财政竞争对区域创新的真实影响是怎样的？又如，财政竞争会导致创新要素从一个地方流向另一个地方，这可能会使创新要素流入地成为创新高地，而创新要素流出地的区域创新能力会被削弱，那么，财政竞争对全社会的整体创新能力会产生怎样的影响？再如，在建立全国统一大市场的背景下，财政竞争是否会对不同经济发展水平的地区产生异质性影响，导致经济落后地区长期闭锁在创新洼地中？上述这些问题都是值得进一步讨论的，也以此求教于读者。

总之，周明明的这本专著是他学术生涯开端的重要研究成果，也为他未来进行更深入的研究打下了基础。最后，感谢作者的盛意，邀我为他的第一本专著作序。

冯海波

暨南大学

2024 年 6 月 28 日

序 二

创新是一个国家、一个民族发展进步的不竭动力。《中共中央关于党的百年奋斗重大成就和历史经验的决议》把"坚持开拓创新"作为党的百年奋斗的十条历史经验之一。新时代、新形势要求加快发展新质生产力,扎实推进高质量发展。新质生产力是创新起主导作用,摆脱了传统的经济增长方式及生产力发展路径,具有高科技、高效能、高质量的特征,符合新发展理念的先进生产力质态。创新能够催生新产业、新模式、新动能,是发展新质生产力的核心要素。

区域创新是创新活动发生的重要场景和创新能力的重要体现。经济学家克鲁格曼(Krugman)曾指出,一国的创新战略实施,基础在地区层面,活力也在地区层面。中国要走好特色的自主创新之路,有效实施创新驱动发展战略,实现科技自立自强和做到区域协调发展,其关键在于完善区域创新体制,激发区域创新活力。

改革开放以来,中国经济发展取得了举世瞩目的成绩,中华民族迎来了从站起来、富起来到强起来的伟大飞跃。这些质变离不开中国共产党的坚强领导,也离不开地方政府的积极作为。在中国特色社会主义市场经济的发展过程中,地方政府是地区经济发展战略的实施主体,是推动地区经济不断向前发展的重要力量。2012 年发布的《中共中央 国务院关于深化科技体制改革加快国家创新体系建设的意见》中明确提出:"充分发挥地方在区域创新中的主导作用,加快建设各具特色的区域创新体系。"同时还强调,"结合区域经济社会发展的特色和优势,科学规划、合理布局,完善激励引导政策,加大投入支持力度,优化区域内创新资源配置"。可见,地方政府是构建各具特色的区域创新体系、实现创新发展的重要基础。

周明明所著的《中国地方政府财政竞争对区域创新的影响:要素流动的视角》一书从要素流动视角详细探讨了地方政府的财政行为在"为创新而竞争"的时代背景下对区域创新所产生的效应。具体而言,本书在理论分析的基础上分别从地方政府财政支出竞争、税收竞争、转移支付竞争和非税收入竞争四个层面实证分析了地方政府财政竞争对区域创新的影响效应及其作用机制。该书的独特之处在于作用机制研究方面,该书详细讨论了劳动力流动与资本流动,并将劳动力流动分为普通劳动力流动和技术型劳动力流动,资本流动分成普通资本流动和风险资本流动。该书既有益于补充中国特色社会主义财政理论和区域创新发展理论,又对加快形成以国内大循环为主体、国内国际双循环相互促进的新发展格局具有重要的现实意义。

该书是一本对区域创新发展和区域新质生产力发展具有重要参考价值的高水平专著。该书先后受到浙江省哲学社会科学规划后期资助课题"中国地方政府财政竞争对区域创新的影响:要素流动的视角"(24HQZZ029YB)和国家社会科学基金重大项目"高速交通网络与我国劳动力资源时空配置机制研究"(22&ZD064)的资助。周明明博士是本人主持的国家社会科学基金重大项目"高速交通网络与我国劳动力资源时空配置机制研究"(22&ZD064)研究团队的骨干成员,本人作为该书修改和完善过程的参与者和见证人,对周明明求真、求是、求正的治学态度表示高度认可,希望他将该书作为其学术研究生涯的新起点,产出更多高质量、高水平的成果。

文雁兵

嘉兴大学经济学院教授

2024 年 6 月

前　言

近年来,经济下行的压力在世界范围内不断增大。为了实现经济的可持续增长,各国政府都在积极寻找出路。按照经济学的基本原理,创新是保证经济可持续增长的决定性因素。因此,技术创新成为人们普遍关注的问题。一方面,从实际情况来看,在经历了 40 余年的高速经济增长阶段后,中国的经济发展进入了增速放缓的新常态。相应地,中国经济增长的动力也在发生变化。在高质量发展的背景下,创新逐渐取代资源的大规模投入成为经济增长的第一动力。另一方面,大国竞争不断加剧,中国在一些高技术领域面临被发达国家"卡脖子"的风险。对致力于实现民族复兴的国家而言,对创新的需求从未像今天这样显得如此迫切。《中共中央 国务院关于深化体制机制改革加快实施创新驱动发展战略的若干意见》《国务院关于大力推进大众创业万众创新若干政策措施的意见》等文件相继发布,此后,我国又实施了一系列激励创新的减税降费政策。一旦创新成为国家发展战略,各地方为谋求本地经济的快速发展,必然会加快区域创新的步伐。

所谓区域创新,是指在特定区域内发生的所有创新活动以及所得到的创新成果的总称。区域创新能力的高低在很大程度上会影响一个地区的经济发展水平。事实上,中国各地区的创新能力存在很大的差异。根据《中国区域创新能力评价报告 2020》发布的数据,广东、北京、江苏和上海的区域创新能力位于前列,而黑龙江、山西、内蒙古和西藏则落后于其他省份。从该报告的具体评价指标来看,区域之间创新能力的差异体现在拥有创新要素水平的高低上。按照熊彼特(Schumpeter)的观点,创新要素包括创新者、机会、环境和资源。在这四种创新要素中,能够自由流动的是创新者和资源。创新者就是具有创新意识和能力的人才;资源是指追逐创新并借此获得收益的物质资本。当某个特定的区域具备了创新的机会和环境，创新者和资源就会向这里流动。创新要素汇集到某个特定的区域后，首先会形成集聚效应，进而优化当地的资源配置，然后那里就会形成创新的比较优势（Feldmann，2006；白俊红等，2017），如美国的硅谷、中国的深圳等。可见，创新要素流动是决定区域创新水平的关键环节。

对于一个试图通过提升区域创新能力获得更多发展机会的地方政府而言，如何将流动的创新要素吸引到本地来是一个不得不重视的现实问题。近年来各地出现的"抢人大战"就是地方政府为提升本地创新能力而形成的局面（孙文浩和张益丰，2019）。在实践中，地方政府越来越多地运用财政手段来吸引创新资本，进而出现了财政竞争的现象（卞元超和白俊红，2017）。在财政联邦制理论中，财政竞争的对象适用于一切人力资本和物质资本（Tiebout，1956）。但当下中国地方政府为促进区域创新而展开的财政竞争更多的是指向具有创新特质的人力资本和物质资本。长期以来，学者们虽然对财政竞争如何影响要素流动和资源配置进行了大量的研究，但很少进一步探讨要素流动所产生的区域创新效应。

第一，本书对地方政府财政竞争相关理论与区域创新相关理论进行了阐述，以此引出本书研究的核心理论逻辑"地方政府财政竞争—要素流动—区域创新"。第二，本书从财政体制背景、政治体制背景及现实背景三个方面论述了中国地方政府财政竞争的形成机理，并运用面板空间模型，利用不同的空间加权系数矩阵，对地方政府财政竞争行为是否存在进行了实证分析。第三，在前文的基础上，本书从地方政府财政支出竞争、税收竞争、转移支付竞争和非税收入竞争四个层面实证分析了地方政府财政竞争对区域创新的影响及其作用机制。在作用机制方面，本书详细地讨论了劳动力流动与资本流动，并将劳动力流动分为普通劳动力流动和技术型劳动力流动，资本流动分为普通资本流动和风险资本流动。第四，提出了相关政策建议。

本书共分为九章，其主要研究内容归纳如下。

第一章，绪论。本章首先介绍了研究背景与研究意义。然后介绍了具体的研究思路和研究方法。最后就创新点和不足之处进行了论述。

　　第二章,文献综述。本章对国内外相关研究文献进行了梳理,其中包括地方政府财政竞争、地方政府财政竞争与要素流动、要素配置与创新等相关文献,并进行了述评,以此总结了以往研究的局限性以及本书研究的可拓展空间。

　　第三章,概念确定与理论基础。本章首先对书中的关键概念进行了界定,以此明确研究的边界及范围。然后对区域创新的理论基础与地方政府财政竞争的理论基础进行了详细的阐述,以此打通"地方政府财政竞争—要素流动—区域创新"的理论逻辑。

　　第四章,地方政府财政竞争形成的背景分析及存在性检验。本章首先从财政体制、政治体制及现实状况几个方面对地方政府财政竞争形成的原理进行了介绍。随后使用地市级财政数据,利用空间面板计量模型依次对地方政府财政支出竞争、税收竞争、转移支付竞争和非税收入竞争的存在性进行了实证分析。

　　第五章,地方政府财政支出竞争、要素流动与区域创新。本章首先对地方政府财政支出竞争、要素流动与区域创新之间的影响机理进行了阐述。在此基础之上,运用2003—2018年中国285个城市的数据对地方政府财政支出竞争影响区域创新的效应进行了研究,并对其作用机制,即要素流动(普通劳动力流动、技术型劳动力流动、普通资本流动和风险资本流动)与异质性影响展开了详细的分析。

　　第六章,地方政府税收竞争、要素流动与区域创新。本章参照第五章的研究思路,首先对地方政府税收竞争、要素流动与区域创新之间的影响机理进行了阐述。以此为基础,运用地级市数据对税收竞争影响区域创新的效应及其作用机制(要素流动)与异质性影响进行了详细的研究。

　　第七章,地方政府转移支付竞争、要素流动与区域创新。本章也参照第五章的研究思路,首先对地方政府转移支付竞争、要素流动与区域创新之间的影响机理进行了阐述。接着运用地级市数据对转移支付竞争影响区域创新的效应及其作用机制(要素流动)与异质性影响进行了详细的研究。

　　第八章,地方政府非税收入竞争、要素流动与区域创新。与第五章的研究思路一致,本章首先对地方政府非税收入竞争、要素流动与区域创新之间的影响机理进行了阐述。然后运用地级市数据对非税收入竞争影响区域创新的效应及其作用机制(要素流动)与异质性影响进行了详细的研究。

第九章,结论与政策建议。本章总结了全书研究的结果,并针对中国如何实现更有利于区域创新的财政体制提出了政策建议。

本书研究得到的具体结论有以下几个方面。

第一,对于地方政府财政支出竞争行为、地方政府税收竞争行为、地方政府转移支付竞争行为和地方政府非税收入竞争行为,在地理相邻的城市、地理空间关联的城市、经济发展状况相似的城市和行政所属级别一致的城市之间,它们均存在显著的竞争性。这表明在地方政府之间存在明显的财政竞争现象。

第二,地方政府财政支出竞争对区域创新具有显著的促进作用。技术型劳动力、普通资本与风险资本流动发挥了地方政府财政支出竞争的激励效应,从而促进区域创新。虽然普通的劳动力流动也能促进区域创新,但地方政府财政支出竞争并没有发挥出相应的激励效应。不同类型财政支出竞争对区域创新的影响存在差异。相较于非社会性支出竞争,社会性支出竞争对区域创新的促进作用更为明显。在不同经济发展水平的地区,地方政府财政支出竞争对区域创新的影响具有异质性。经济发达地区的地方政府财政支出竞争对区域创新的影响显著为正,经济欠发达地区的地方政府财政支出竞争对区域创新的影响不显著。

第三,地方政府税收竞争对区域创新具有显著的促进作用。在机制效应中,只有普通资本流动发挥了地方政府税收竞争的激励效应,才能促进区域创新。虽然普通劳动力、技术型劳动力和风险资本流动也能促进区域创新,但地方政府税收竞争并不具备相应的激励效应。地方政府税收竞争对不同类型专利的影响存在差异,地方政府税收竞争只是显著地促进了低质量的创新,对高质量创新的促进作用不明显。不同类型税收竞争对区域创新的影响存在差异。相较于增值税竞争,企业所得税竞争与个人所得税竞争对区域创新的影响更大。不同经济发展水平地区的地方政府税收竞争对区域创新的影响具有异质性。经济发达地区的地方政府税收竞争对区域创新的影响显著为正,经济欠发达地区的地方政府财政支出竞争对区域创新的影响显著为负。

第四，地方政府转移支付竞争对区域创新具有显著的抑制作用。地方政府转移支付竞争显著地抑制了普通劳动力流动和普通资本流动，对技术型劳动力流动和风险资本流动的影响不显著。相较于专项转移支付竞争，一般性转移支付竞争和税收返还竞争对区域创新具有明显的抑制作用。

第五，地方政府非税收入竞争对区域创新具有显著的促进作用。地方政府非税收入竞争虽然促进了普通劳动力和技术型劳动力的流动，但效应不显著。地方政府非税收入竞争能够显著地促进普通资本流动，进而提升区域创新水平。

根据上述分析结果，本书提出的政策建议有：第一，各级政府应明晰各自的事权，确定相应的支出责任，然后根据事权合理划分相应的财权，提高自身的运行效率。第二，地方政府财政预算支出应适当向社会民生类项目倾斜，提升财政支出效益，增强区域创新动力。第三，应控制税收优惠的方向与额度，调整税收优惠结构，更新优惠形式，加强监督检查，提高税收政策效力。第四，中央政府应强化对财政支出绩效的管理，改革现有的财政体制，推进"钱随人走"政策的实施。第五，应进一步深化非税收入管理制度改革，简化非税收入的征收程序和手续，加强政府间的信息共享，以此来规范地方政府的非税收入。第六，中央政府可以将就业结构、居民福利水平等体现社会公平的相关指标纳入公职人员的考核范围，规范地方政府财政竞争行为。第七，中国的财税政策应做到因地制宜、精准施策，不能"一刀切"。

综上所述，当前整个世界的形势都具有特殊性，而创新就是"破局"的关键。财政作为国家治理的基础与重要支柱，在高质量发展的道路上扮演着举足轻重的角色。本书从地方政府行为出发，详尽地展示了不同类型的地方政府财政竞争如何通过作用于要素流动，进而影响区域创新，揭示了财政竞争的区域创新效应机制。这为规范政府财政竞争行为和实现区域创新发展提供了方向，有利于中国进一步谋划财税体制改革和更好地实现现代化目标。

目　录

第一章 绪 论

第一节 研究背景

党的十一届三中全会以来,中国通过改革开放政策实现了经济的快速增长。中国人民的生活条件得到了极大的改善,国际社会地位也日益提高。

回顾以往的发展历程,中国经济之所以能够高速增长,主要得益于资源粗放式的大规模投入。粗放式大规模投入的发展方式使中国在短时间内走完了发达国家上百年的工业化进程。然而,随着经济的不断发展,尤其是进入新常态阶段以后,这种粗放式的经济增长模式已显得越来越乏力。人口与土地红利逐渐消失、低端产品产能过剩、高端产品产能不足等一系列问题严重制约了中国经济的可持续发展。国家统计局的相关统计数据显示:2012 年,中国的经济增长率为 7.7%;2019 年,中国的经济增长率只有 6.1%。

为了解决粗放式增长所带来的问题,实现经济的可持续增长,中国政府进行了一系列积极的探索,而创新作为经济持续增长的根本动力,已成为关注的焦点。2006 年颁布的《国家中长期科学和技术发展规划纲要(2006—2020 年)》中就曾明确要求把提高自主创新能力作为调整经济结构、转变增长方式、提高国家竞争力的中心环节。"十三五"规划中明确提出,要全面推进创新发展、协调发展、绿色发展、开放发展、共享发展。此外,国家也在积极推动经济增长由要素驱动和投资驱动转向创新驱动。"十四五"规划中提出了要加快构建以国内大循环为主体、国内国际双循环相互促进的新发展格局。其进一步强调了创新驱动对经济发展的重要性,明确了科技创新在经济发展中的核心地位。

创新是经济高质量发展的重要组成部分,创新驱动是当前经济发展的必然选择。然而,实施创新驱动发展战略,基础在区域层面,活力也在区域层面。为了加快创新驱动发展的步伐,2016 年颁布的《国家创新驱动发展战略纲要》中明确提出,要构建各具特色的区域创新发展格局。显然,区域创新是国家创新发展的落脚点和支点。

区域创新发展离不开要素的合理流动与高效集聚。从中国的现实情况来看,在经济发达的地区,如中国的东南沿海地区不仅是中国创新的优势地区,也是生产要素的流入与集聚地区。而在经济欠发达的地区,如中国的中西部地区,虽然创新水平较低,却是生产要素的流出源头,并且是创新要素的流入与集聚地区。根据 Krugman(1991)的研究,要素集聚可以通过以下途径促进技术进步:第一,通过促进社会分工及专业化,从而推动技术进步。第二,通过共享劳动力及中间产品,补充创新活动相关投入。第三,通过信息共享与溢出效应,提升创新能力。由此我们不难发现一个道理,即要素的空间配置状况对区域创新有着重要的影响。

区位因素与政策因素是中国区域间经济发展差距出现的主要原因(陆铭和陈钊,2005)。中国东南沿海地区的经济之所以能够迅速繁荣起来,除了自身具有天然的出口贸易优势外,也离不开特殊的优惠政策支持。改革开放以来,无论是经济特区的设置,还是经济开放城市的选择,几乎都集中在东南沿海地区。这些地区获得了特殊优惠政策,成功地吸引了大量生产要素的流入,实现了经济的快速发展。从理论的角度来看,这种以公共权力为依托的差异化政策为地方政府竞争行为的产生奠定了基础。地方政府竞争会促使要素在不同地区之间流动,影响要素的配置,进而影响经济增长。地方政府财政竞争作为政府竞争的核心手段,显然对要素在区域之间的流动有着重要的影响。分税制改革以后,地方政府拥有了相对独立的财政自主权。为了追求自身利益的最大化,地方政府之间必然会通过各种财政竞争手段吸引更多的优质生产要素流入,以推动自身经济的发展(周黎安,2007)。

综上所述,地方政府财政竞争行为对要素流动有着重要的影响,要素的合理流动与高效集聚对区域创新有着重要的作用。因此,如何通过地方政府财政竞争行为引导要素合理流动与高效集聚,进而提高区域的创新能力是中国当前经济发展所面临的一个重大问题。研究该问题将会给中国实现创新驱动发展与规范地方政府财政竞争行为带来重要的启示。目前,国内学者的研究大多集中在地方政府财政竞争与要素流动或要素流动与区域创新的层面上,关于地方政府财政竞争行为如何通过要素流动进而影响区域创新的研究较少,也缺少一个完整体系的研究,这为本书的研究提供了空间。本书将就地方政府财政竞争、要素流动与区域创新,从理论与实证上进一步展开系统的研究。

第二节　研究意义

一、理论意义

创新是经济发展的不竭动力(Fagerberg,1987;Blundell & Bond,1998),区域创新是创新的重要内容。政府作为区域创新系统的重要构建者,对区域创新有着重要的影响。《推动形成优势互补高质量发展的区域经济布局》中提到,"按照客观经济规律调整完善区域政策体系,发挥各地区比较优势,促进各类要素合理流动和高效集聚,增强创新发展动力"。① 地方政府财政竞争作为区域政策体系的重要组成内容,如何通过地方政府间的财政竞争行为促进要素合理流动和高效集聚,进而增强区域创新能力,这一问题仍旧缺乏足够清晰的理论阐释与系统的实证研究。因而明晰地方政府财政竞争行为对区域创新的影响,厘清地方政府财政竞争行为影响区域创新的传导机制及其作用方式,对于我国完善中国特色社会主义财政理论,加快实现创新驱动发展具有重要的理论意义。因此,本书将关注地方政府财政竞争行为对区域创新的作用,研究地方政府财政竞争行为如何通过要素流动进而影响区域创新。其理论意义主要有以下几个方面。

第一,地方政府财政竞争是财政学研究中的基本问题,研究其"为创

---

① 习近平:推动形成优势互补高质量发展的区域经济布局[EB/OL].(2019-12-15)[2020-08-12].https://www.gov.cn/xinwen/2019-12/15/content_5461353.htm.

新而竞争"的要素流动效应能够进一步丰富当前的财政竞争理论，深化对财政竞争理论的认识。亚当·斯密在《国富论》中曾提到差异化的税收行为会促使资本在不同地区之间转移。[①] 著名经济学家 Tiebout (1956)研究公共产品的供给时发现，当不同地区之间存在差异化公共产品供给时，居民就会"用脚投票"来选择自己偏好的公共服务与税收组合。显然，不同的公共服务与税收组合会对生产要素的流动及配置产生影响。随着中国经济步入高质量发展阶段，地方政府存在显著的"为创新而竞争"行为(卞元超和白俊红，2017)。在此情况下，研究地方政府如何通过财政竞争行为来实现更有利于区域创新的要素配置不仅对丰富地方政府竞争行为理论研究具有重要的意义，还能为地方政府竞争理论发展提供新启示。在本研究中，要素流动不仅包含普通要素流动，还包含技术型劳动力要素流动和风险资本流动。

第二，区域创新是创新经济学研究的重要内容。研究区域创新活动中的政府行为能够有效弥补当前区域创新理论研究的不足，完善区域创新理论。根据 Krugman(1998)的研究，可知最佳创新空间单元是区域，而不是国家。在区域创新中，创新能力的差异体现在拥有创新要素水平的高低上，而地方政府财政竞争作为政府争夺要素的重要手段，对要素的区域配置有着重要影响。当前，关于地方政府为促进区域创新而展开财政竞争的研究更多的是围绕具有创新特质的人力资本和物质资本，并没有对劳动力和资本这些要素的品质进行区分，而且忽视了要素异质性对区域创新可能产生的影响。为此，本研究将在理论分析的基础上，从要素自身的异质性层面来研究地方政府财政竞争对区域创新的影响，以期能够进一步充实区域创新理论体系。

第三，中国的财政制度与区域创新发展战略都是基于中国的实际情况发展与形成的。研究中国特色社会主义市场经济环境下的财政竞争与区域创新对于形成具有中国特色的区域创新体系与国家创新发展理论，以及探究中国特色社会主义财政体制建设具有重要的理论意义。中国财政体制的形成与发展既具有和世界其他经济体相似的一般性发展规律与特征，又有着中国特色社会主义发展的独特模式及经验。中国科

---

① 斯密.国富论[M].唐日松,等译.北京:华夏出版社,2005.

技创新之所以有今天的成就①,离不开始终坚持走中国特色社会主义自主创新道路,以及财政作为国家的治理基础及重要支柱对促进科技创新的支撑、引领、提升与保障作用。本研究将从中国特色社会主义财政竞争的一般性规律入手,总结具有中国特色的政府支持创新经验,为构建高水平的创新型国家提供理论基础。

二、实践意义

实施创新驱动发展战略是中国在新常态下的经济发展重点,是深化供给侧结构性改革与需求侧管理,转变经济发展方式,增强经济发展动力,加快形成以国内大循环为主体、国内国际双循环相互促进的新发展格局的重大举措。促进要素合理流动与高效集聚,提升区域创新能力是创新驱动发展的中心环节。然而,由于外部性的存在,单纯地依靠市场机制并不能完全实现区域要素之间的合理流动与高效集聚。要想有效实现区域之间要素的合理流动与高效集聚,仍然需要政府的补充与协助。因此,研究中国特色社会主义制度下的地方政府财政竞争、要素流动与区域创新之间的关系具有重要的现实意义。

第一,对于深化财政体制改革,提高地方政府在资源配置中的作用具有一定的现实参考意义。地方政府财政竞争是政府实现要素(资源)配置的重要方式。随着经济的不断发展,粗放的经济增长方式已经不能满足人民日益增长的物质文化需要。这就要求经济的发展必须由粗放型增长模式转向集约型增长模式。要素作为经济生产活动的基础,优化要素配置是经济转向集约型增长的重要手段。本书从要素流动的异质性视角出发,不仅研究了地方政府财政竞争对普通劳动力流动和普通资本流动的影响,还研究了地方政府财政竞争对技术型劳动力流动和风险资本流动的影响,深入探究了地方政府财政竞争行为对要素配置的影响。因此,本研究对于深化中国特色社会主义财政体制改革,更好地发挥财政对国家治理的支柱作用具有重要的实践意义。

第二,对于提升国家的创新效能,加快国家创新体系建设具有一定的

---

① 根据世界知识产权组织公布的全球创新指数报告,2019 年,中国综合创新指数的世界排名在 131 个经济体中排在第 14 位。

现实参考意义。2006年颁布的《国家中长期科学和技术发展规划纲要（2006—2020年）》中明确提出,要努力建设创新型国家。2012年发布的《中共中央 国务院关于深化科技体制改革加快国家创新体系建设的意见》中明确提出,要深化科技体制改革,加快国家创新体系建设。通过调整经济结构和优化资源要素配置,把科技创新作为提高生产力和综合国力的重要支撑。2016年印发的《国家创新驱动发展战略纲要》强调要以体制机制改革激发创新活力,以高效率的创新体系支撑高水平的创新型国家建设。此外,国家还出台了一系列支持区域、产业和企业创新发展的政策,以促进中国科技创新的发展。本研究将以提高国家整体的创新效能为出发点,从区域创新的角度探索加快国家创新体系建设的方案与路径。因此,本研究在一定程度上可以为中国的创新驱动发展战略提供实践指南。

第三节　研究思路与研究方法

一、研究思路

区域创新是国家创新体系的重要组成部分,是实现创新驱动发展的重要保障。《中共中央 国务院关于深化科技体制改革加快国家创新体系建设的意见》中明确强调:"完善区域创新发展机制。充分发挥地方在区域创新中的主导作用,加快建设各具特色的区域创新体系。"此外,该文件还强调:"结合区域经济社会发展的特色和优势,科学规划、合理布局,完善激励引导政策,加大投入支持力度,优化区域内创新资源配置。"可见,充分发挥地方政府在优化区域创新资源中的作用是构建各具特色的区域创新体系,实现创新发展的重要基础。而地方政府财政竞争作为地方政府吸引要素流入的重要手段,其对区域要素的配置有着重要的影响。

基于此,本书沿着以下思路进行了分析,具体如图1-1所示。第一,本书对研究背景、研究意义、研究内容、研究方法、创新之处与不足之处进行了叙述。第二,整理与分析了国内外相关文献并进行了评述,以此提出了以往研究的局限性以及本研究可拓展的空间。第三,总结了国内外区域创新和地方政府财政竞争相关理论,梳理出了本研究的核心理论逻辑"地方政府财政竞争—要素流动—区域创新"。第四,分析了中国地方政府财政竞争行为形成的背景,并对地方政府财政竞争行为的存在与否进行了实证研究。第五,在前面分析的基础上,从地方政府财政支出竞争、税收竞争、转移支付竞争和非税收入竞争四个层面分析了地方政府财政竞争影响区域创新的机理,即地方政府的财政竞争会影响要素的区域流动,进而作用于区域创新。本书详细地讨论了劳动力流动与资本流动,并将劳动力流动分为普通劳动力流动和技术型劳动力流动,将资本流动分成普通资本流动和风险资本流动。整个论证逻辑利用中国市级层面的数据进行了验证。第六,本书给出了主要结论与政策启示。

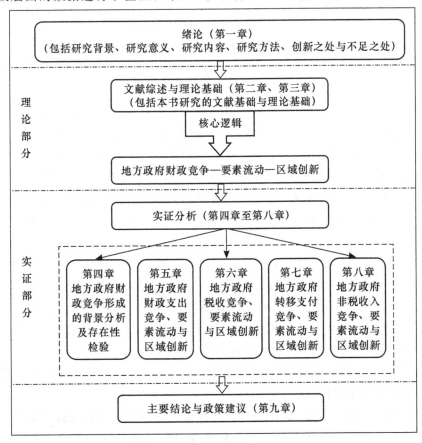

图 1-1　研究技术路线

二、研究方法

根据研究思路和研究内容,本书的主体结构可以分为两部分,即理论部分与实证部分:对于理论部分,将通过文献分析法、理论分析法展开研究;对于实证部分,将综合运用空间面板计量方法、静态面板计量方法和动态面板计量方法展开研究。

第一,文献分析方法。笔者从中国知网和引文索引类数据库下载了大量与本研究相关的经典文献资料,并按照不同的主题方向进行梳理分类,具体包括地方政府财政竞争理论研究、地方政府财政竞争与要素流动研究、要素流动与区域创新研究等。这些文献资料充分反映了国内外学界对地方政府财政竞争问题与区域创新问题研究的前沿发展及现有研究的争议和不足,为本研究在理论和实证方面的突破创新提供方法指引。

第二,理论分析法。本书探讨的是区域创新活动中的地方政府财政竞争行为,其内容涉及地方政府财政竞争、要素流动、区域创新等的基本概念、内涵与形成机理。为了充分了解和掌握地方政府财政竞争与区域创新等相关研究的理论进展,笔者查阅了国内外相关资料和文献,对财政学、区域经济学、发展经济学、创新经济学等领域的理论进行了整理和分析,厘清了地方政府财政竞争、要素流动与区域创新之间的理论逻辑关系。

第三,空间面板计量方法。传统的统计理论是一种建立在假定观测值独立基础上的理论。然而,独立观测值在现实生活中并不是普遍存在的(Getis & Ord,1992)。对于具有地理空间属性或者具有空间经济联系的数据,一般认为离得近(联系紧密)的变量之间比在空间上离得远(联系不紧密)的变量之间具有更加密切的关系(Anselin & Getis,1992)。在本研究中,空间面板计量模型主要是用来研究地方政府财政竞争的空间策略问题。

第四,静态面板计量方法和动态面板计量方法。静态面板计量方法和动态面板计量方法是经济学领域实证分析中最常用的方法。在本研究中,对于静态面板计量模型,拟采用最小二乘法(OLS)、固定效应估计(FE)、随机效应估计(RE)和固定效应—工具变量法(FE-IV)进行估计。对于动态面板计量模型,拟采用 Blundell 和 Bond(1998)提出的差分广义矩(Difference-GMM)和系统广义矩(System-GMM)方法进行估计。本书的静态面板计量模型、动态面板计量模型主要是用来考察地方政府财政竞争、要素流动与区域创新之间的影响。

本研究强调理论研究与实证研究的结合。在理论研究方面,厘清了地方政府财政竞争、要素流动与区域创新之间的理论逻辑,为研究奠定了坚实的理论基础。在实证研究方面,基于面板数据,运用静态面板计量模型、动态面板计量模型和空间面板计量模型等实证分析方法,从市级层面探究了地方政府财政竞争、要素流动与区域创新之间的关系。

第四节　创新与不足

一、创新之处

第一,本书基于创新发展的需要,以区域创新为对象,针对地方政府财政竞争环境、规范竞争行为进行研究,这在现有文献中很少见到。在已有的文献中,学者对于地方政府财政竞争的研究大多集中在经济增长方面,很少涉及区域创新。随着经济的不断发展,特别是近年来全球经济下行压力的不断增大,创新已成为普遍关注的问题。在我国,政府早已将科技创新摆在经济发展的核心位置,并明确要实施创新驱动发展战略。为了提高地方政府的积极性,配合创新驱动发展战略,中央政府甚至已将科技创新纳入地方政府公职人员的绩效考核。在此背景下,本书从地方政府财政竞争视角研究区域创新无疑是一种创新。

第二,本书从理论上厘清了地方政府财政竞争、要素流动与区域创新三者之间的关系。根据现有文献,当前关于地方政府财政竞争与要素流动、要素流动与区域创新之间关系的理论研究已较为成熟,但将地方政府财政竞争、要素流动与区域创新三者结合起来的分析很少见。为此,本书首先整理了地方政府财政竞争与区域创新相关理论,厘清了地方政府财政竞争、要素流动与区域创新之间的理论逻辑关系。随后,在实证分析中,又对它们之间的影响机理进行了详细的论述。笔者认为,地方政府财政竞争会通过要素的流动影响区域创新。由于具有稀缺性与趋优性，生产要素会向那些外部环境更好、边际收益更高的地区流动。当地方政府财政竞争使得区域创新环境或要素收益发生变化时，就会引起要素在区域之间流动。要素的这种空间流动不仅能够进一步加快经济的溢出，还会改变要素的空间配置效率，即产生空间溢出效应和空间资源配置效应，这些都会对区域创新产生重要影响。

第三，本书对要素流动的机制进行了详细的探讨。在研究地方政府财政竞争的经济效应时，虽然要素流动的机制经常被学者使用，但在现有文献中，对于要素流动的研究基本上是基于单一的种类进行研究，如整体的劳动力流动或资本流动（郭庆旺和贾俊雪，2008），很少区分要素的不同特性。在本研究中，为了详细分析要素流动的机制在地方政府财政竞争与区域创新之间所发挥的作用，本书将劳动力分成普通劳动力流动与技术型劳动力流动，并将资本流动分成普通资本流动与风险资本流动。如此细分要素流动机制在地方政府财政竞争的经济效应中所发挥的作用可以说是一种研究方法上的创新。

第四，本书将地方政府财政竞争、要素流动与区域创新的实证研究引入城市层面，这不仅能够更为准确地反映地方政府财政竞争行为，还可以丰富区域创新相关研究。有研究发现，相比于省级和乡镇级，地市级和县（市）级的竞争更为激烈（胡仙芝和马静，2010），所以将地方政府财政竞争行为的研究下沉至市级能够更好地反映现实情况。此外，以往文献对区域创新的研究大多集中在省际或企业层面上，从城市层面对创新进行的研究则相对较少。从省际层面来看，使用省级数据会面临样本偏少的问题，不能精准识别政府规模变化对创新的影响。从企业层面来看，目前能够得到的通常是上市公司数据，而上市公司数据都是由其注册地来核算的。然而，上市公司所控股的大量子公司可能不在它的注册地，而是分布在不同的地方。因此，使用省际和企业层面的数据来研究地方政府财政竞争对区域创新的影响存在一定的局限性。现有研究也表明，城市是创新创业的集聚地（张萃，2018）。故本书将实证研究的对象下沉至城市层面，以期能够得出更加精准的结论。

第五，本书在检验地方政府财政竞争时使用了城市等级空间加权系数矩阵，这是以往研究没有用过的。从现有的文献看，对于财政竞争的空间存在性检验,大多使用空间一阶相邻加权系数矩阵、空间地理距离加权系数矩阵、行政所属加权系数矩阵等来进行分析。虽然这些空间加权系数矩阵也能刻画地方政府财政竞争行为,但是笔者认为,在财政分权背景下,经济综合实力相近城市的财政竞争越明显。所以,为了更好地检验地方政府财政竞争行为,本书不仅基于一般性做法构造了空间一阶相邻加权系数矩阵、空间地理距离加权系数矩阵等,还构造了城市等级空间加权系数矩阵。

二、不足之处

本书的研究也存在一些不足之处,主要体现在以下几个方面。

第一,在国内的一般研究中,财政支出竞争类型可以分为三类:社会性支出竞争、经济性支出竞争和服务性支出竞争。受限于市级财政支出数据的可得性,本书只将财政支出竞争分为社会性财政支出竞争和非社会性财政支出竞争两类,其中非社会性财政支出竞争是由经济性支出竞争和服务性支出竞争合并得来的。

第二,受限于市级层面数据的可得性,本书无法对要素流动相关指标进行更清晰的量化。比如对于技术型劳动力流动,本书用大专及以上受教育程度的就业人员占比超过 50% 的行业就业人员的净流动来表示;对于普通资本流动,本书用各个市的全社会固定资产投资总额来表示。

第三,虽然本书对地方政府财政竞争、要素流动与区域创新之间的关系进行了实证分析,但对于其在现实生活中的印证,仍缺乏相应的具体案例分析,这也是本书的不足之处。

第二章　文献综述

第一节　地方政府财政竞争理论研究

一、地方政府财政竞争的起源与内涵

关于地方政府竞争最早的描述,可以追溯至亚当·斯密的《国富论》。亚当·斯密在书中写道:"土地不可移动,但资本可以……资本所有者可以是世界上的任何一个公民,他不一定要附着于某个国家。政府如果对其课以重税,多方调查其财产,那他就会舍弃这个地方。他将把资金转移到可以随意经营的国家,或者可以更舒适地享受财富的地方。"[①]亚当·斯密的这段论述不仅揭示了资本与土地在空间上的基本属性,而且深刻分析了差异化课税对资本流动所造成的影响。他认为,在资本流动不受空间约束的前提下,资本会自动从税负较重的地方流向税负较轻的地方。亚当·斯密所观察到的这种现象其实就是政府竞争对资本流动的作用。因而亚当·斯密的这种论述是最早的政府竞争描述,开了政府竞争在经济学意义上的先河,也成了政府竞争理论的起源。

关于政府财政竞争理论的真正开创者,学术界一致认为应当是查尔斯·M. 蒂布特(Charles M. Tiebous)。他在 1956 年发表的《一个公共支出的纯理论》中提出了著名的"用脚投票"理论,也被称为蒂布特理论。该理论认为,在人口流动不受限制且存在众多的辖区政府条件下,由于

---

① 斯密.国富论[M].唐日松,等译.北京:华夏出版社,2005.

各个辖区所提供的公共服务与税收组合不尽相同,所以居民会根据各个辖区所提供的公共服务与税收组合做出选择并迁移到自己最偏好的地方生活(Tiebous,1956)。这就是"用脚投票"理论,说明公共服务与税收的差异是地方政府财政竞争的基本形式。"用脚投票"理论因此也成了地方政府竞争理论的基础。

1972年,奥茨(Oates)将"用脚投票"理论由居民流动拓展到资本要素流动,使政府财政竞争理论更加完善。奥茨认为,低水平的税率与高水平的公共服务供给不仅可以增加辖区内居民的收入,也可以增加辖区内的税收,使政府有能力提供更好的公共服务,从而吸引更多的资本流入,并能提高资本与企业区位分布的合理性(Oates,1972)。Zodrow和Mieszkowski(1986)在蒂布特研究的基础上探讨了财产税对公共产品供给的影响。他们认为,在资本可以自由流动的情况下,较高的财产税会导致资本外流,辖区间的竞争行为将导致最优的财产税率为零,此时提供公共产品的资金全部源于人头税。

然而,无论是斯密、蒂布特、奥茨,还是Zodrow和Mieszkowski(1986)的研究,都是在新古典的研究框架内进行的,包含了完全竞争市场、完全信息、要素流动成本为零等假设,因此降低了对实际经济问题的解释力。Brennan和Buchanan(1980)将经济学的基本原理拓展到公共选择领域。他们认为,消费者无论是在经济市场还是在政治市场上,都是以追求自身利益最大化为目标的。在经济市场上,他们以有限的货币来获取最大化效用的物品组合;在政治市场上,他们会选择能给自己带来最大利益的政治家。但是当政治家的个人目标与社会利益不一致时,当选后的政治家并不能很好地履行自己对选民的承诺以及以选民的利益最大化为目标,而是会追求财政收入或支出最大化,以此体现自己的权威。这会使得居民部门的公共产品供给不足,而公共部门的公共产品供给过剩,从而导致政府规模不断膨胀。为解决这个问题,公共选择学派的学者试图将竞争机制从经济市场引入政治市场,并且相信政府之间的财政竞争行为可以有效地避免资源由私人部门向公共部门转移,从而遏制政府规模的扩张。

政府财政竞争概念真正意义上的使用者当属艾伯特·布雷顿,其用"政府竞争"一词来描述地方政府之间的某些行为(Breton,1998)。本书中提到，政府本质上是具有竞争性的，竞争关系普遍存在于政府内部。无论是何种体制的国家，地方政府之间都会围绕资源和控制权的分配，进行公共产品和服务的竞争。这样有利于居民的公共产品和服务偏好表露，实现公共服务的数量与质量同税收相结合。

二、政府财政竞争的方式

Breton(1998)对政府财政竞争的理论进行了系统化的论述，他认为地方政府财政竞争主要包含税收竞争与公共支出竞争。现有文献也大多是从税收竞争或财政支出竞争的角度来研究政府财政竞争的(Mintz & Tulkens,1986;Wildasin,1988;Bucovetsky,2005)。在实际选择中，究竟是采用税收竞争的方式更好还是采用公共支出竞争的方式更好，目前并没有一致的结论。一些学者认为税收竞争对经济的作用更大(Wilson,1986;Wilson & Wildasin,2004;Hindriks et al.,2008)，而另一些学者认为采用财政支出竞争的方式更好(Zodrow & Mieszkowski,1986;Bucovetsky,2005)。当然，也有一些学者认为两者都重要，如Fernandez(2005)通过模型推导发现，税率并不是决定资本利润率的唯一因素，政府也可以通过增加公共支出来提高资本利润率。Sharma 和Pal(2019)利用纳什均衡模型研究发现，在既有税率又有公共投资的财政竞争中，税率和公共投资水平具有互补性质。除了理论分析外，在实证方面，Benassy-Quere 等(2007)利用1994 年至2003 年的数据研究了18 个欧盟国家的税收和公共支出政策在吸引外国直接投资上的作用，结果发现，对于外国直接投资而言，公共支出的作用与税收的作用基本一样。Hauptmeier 等(2012)使用德国城市数据分析税收竞争和公共支出竞争的战略性质。他们发现，一个地区的税率会受到另一个地区公共支出的负面影响；为了减少某个地区的税率降低所带来的影响，其他地区通常会以降低税率或增加公共支出的方式来应对。

关于中国地方政府财政竞争方式的选择，钟晓敏(2004)研究认为，在改革开放早期中国以税收竞争的方式为主，到了20 世纪90 年代既有税收竞争也有财政支出竞争，加入世界贸易组织后中国的财政支出作用越发突出。张恒龙和陈宪(2006)则认为，中国地方政府财政竞争的明显特征是以税收优惠为基础的公共财政支出竞争。朱翠华和武力超

(2013)利用 2006 年至 2009 年 253 个地级市的数据识别地方财政竞争工具选择时发现,随着经济与社会体制的发展,中国存在税收竞争与财政支出竞争并存的现象,但财政支出的竞争更为激烈,这两种竞争方式具有多样性和灵活性,政府在进行经济调控时可以搭配使用。李承怡(2019)在预算软约束下将财政支出竞争类型分为公共服务支出竞争与公共投资支出竞争,利用空间计量模型研究发现这两种支出均能够吸引资本要素流入,但公共投资竞争对资本要素流入的吸引力比公共服务竞争更强。

三、地方政府财政竞争的识别

财政竞争是地方政府的普遍行为,要想深入研究地方政府的财政竞争问题,首先得对地方政府的财政竞争行为进行识别。为此,众多学者进行了大量的研究。Heyndels 和 Vuchelen(1998)利用比利时自治市的数据进行研究发现,自治市之间存在明显的税收竞争行为。赵文哲等(2010)利用矩估计与两阶段最小二乘法研究发现,经济发展的不均衡会促使地方政策制定者更偏向于加剧地方财政竞争的政策,经济增长率越低的地方的财政竞争更激烈。范柏乃和陈玉龙(2014)利用 2003 年至 2012 年浙江省 58 个县的样本,运用 β-收敛模型研究地方政府之间的财政支出竞争行为,结果发现,在所研究的样本范围内,县级政府存在明显的财政支出竞争行为。从上面的研究来看,早期对于地方政府财政竞争的实证研究都忽略了空间因素。此外,Brueckner(2003)研究发现,在进行地方政府行为策略的识别时,如果忽略扰动项的空间相关关系,就会造成地方政府行为策略的伪识别。

当前,国内外关于政府财政竞争的识别基本是运用空间计量方法来实现的。Borck 等(2007)利用 2002 年德国各县市的截面数据借助广义空间两阶段最小二乘法实证估计了县级的反应函数,研究发现,邻县的财政支出每增加 1 欧元,本县的财政支出就增加 0.22 欧元,并且几乎所有的支出子类别中都存在显著的交互作用。王守坤和任保平(2008)通过将空间距离权矩阵与空间经济距离权矩阵引入普通最小二乘法模型中,并使用工具变量法对中国省级政府财政竞争的效应进行了识别,发现中国地方政府的税收竞争与标尺竞争存在区域差异,地方政府之间存在明显的争夺流动性税基的现象。郭庆旺和贾俊雪(2009)利用空间误差模型与空间滞后模型识别了中国地方政府之间的财政支出竞争行为，结果发现，无论是财政总支出还是各类支出项目，均存在显著的策略互动现象。王美今等(2010)利用空间面板计量模型对地方政府之间的横向互动行为和中央政府与地方政府之间的纵向互动行为进行了识别，结果发现，自1994年分税制改革以来，中国地方政府的税负竞争从相互模拟转变为差异化竞争，而支出竞争则表现为相互模拟竞争；在纵向竞争的特征上，地方政府的税负与支出行为都表现为跟随行为。龙小宁等(2014)利用县一级数据并运用空间计量方法研究发现，中国县级政府存在明显的企业所得税竞争与营业税竞争行为，且中国县级政府的税收竞争存在明显的策略互补行为，即越是贫困的地区税率越高，越是富裕的地区税率越低(杨龙见和尹恒，2014)。邵明伟等(2015)利用省级面板数据的空间联立方程研究区域税收竞争时发现，中国区域之间的税收竞争行为并没有产生"逐底竞争"现象。

四、政府财政竞争的激励机制

早期学者认为财政竞争的激励机制为财政分权。以蒂伯特、奥茨为代表的第一代财政分权观点认为，相比于中央政府，地方政府对辖区居民的偏好具有信息优势，所以它在提供公共物品方面具有更高的效率；在财政分权体制下，只要居民可以流动，居民的偏好就会以"用脚投票"的方式体现出来，地方政府为了争夺税收，会竞相投资公共物品。第二代财政分权观点将激励相容引入财政分权理论，从更一般的视角论证了财政分权对地方政府的激励效应，强调财政分权所带来的财政激励效应会促使地方政府更好地发展。

财政分权激励政府财政竞争的一个重要假设为居民(要素)可以自由流动。在现实中，特别是在劳动力(要素)市场发展不充分的国家，居民(要素)通常难以实现完全自由流动。张军(2008)曾指出，关于中国的地方政府公共物品供给行为，财政分权并不是地方政府最基本的激励机制。Besley和Case(1995)提出了标尺竞争理论，他们认为，选民在选择自己的政治代言人时，通常是以地方政府的相对绩效表现为标准来判断政府效率的，所以候选者为了获得更多选民的支持，会相互竞争。这一理论也被周黎安(2007)引入中国的经济问题分析中,他结合中国的政治晋升情况,认为中央政府所制定的绩效考核方式是地方政府财政竞争最基本的激励机制,并提出了"政治锦标赛"的概念。随后,众多学者也对此进行了研究。刘泰洪(2013)研究发现,公职人员的政治晋升是地方政府财政竞争的主要目的,并构成了中国地方政府竞争的制度逻辑。踪家峰等(2009)、张晏等(2010)通过实证研究也验证了地方政府公职人员的政治晋升激励确实对地方政府的财政支出竞争与财政收入竞争产生了重要影响。此外,贾俊雪等(2016)利用2001年至2007年中国地级市数据研究发现,地方政府公职人员的政治晋升激励是导致地方政府土地财政竞争的一个重要因素。

第二节 地方政府财政竞争与要素流动研究

一、影响要素流动的因素

现有经济学研究中,关于影响要素流动的研究基本集中在资本和劳动力这两种要素上。而且,在现实生活中,在空间上流动最频繁的生产要素也包括资本和劳动力。因此,本书将从资本流动和劳动力流动的视角展开分析。

根据西方经济学理论,资本的报酬率是导致资本流动最主要的原因(Lintner & Stigler,1964)。在技术固定与生产规模报酬不变的条件下,地区的资本配置情况取决于地区的资本报酬率,资本总是倾向于从报酬率低的区域流向报酬率高的区域(Webber,1987)。除了区域,资本在不同企业、不同部门和不同行业之间的流动也取决于资本报酬率(Jeff,1996)。

在现实生活中,资本报酬率与许多因素息息相关,比如地区所拥有的基础设施状况、对外开放程度、政府的倾向性政策、金融环境、产业结构状况等(Webber,1987;李群和赵嵩正,2005)。Dicken和Lloyd(1990)研究发现,金融市场的发展状况与政府的区域经济政策对区域的资本流动有着重要的影响。任晓红等(2011)利用1998年至2006年的数据研究发现，对外直接投资与基础设施状况抑制了中国区域资本之间的流动。王守坤（2014）运用广义空间计量模型研究发现，金融深化与对外开放程度对资本区域之间的流动没有影响，交通便利程度抑制了区域的资本流动。胡凯和吴清（2012）利用1997年至2007年数据研究发现，政府规模与非税收负担严重阻碍了区域之间的资本流动，而加强产权保护有助于资本的区域流动。杨杰（2014）利用空间计量模型研究发现，财政分权制度有利于资本的区域流动，且环渤海湾、东南地区的资本流动性强，而东北和西南地区的资本流动性弱。王曦等（2014）基于1997年至2012年的省级数据的研究表明，中央的投资行为对区域资本的流入产生了挤出效应。

关于劳动力流动的影响因素，微观经济学中的要素市场需求理论认为，工资差异是影响劳动力流动最主要的因素，现有的一系列研究也佐证了这个观点。Mincer和Jovanovic（1979）研究发现，工资水平对劳动力流动有着重要的作用。Wildasin（1991）在共同劳动市场理论的框架中也发现工资的差异是影响劳动力流动的主要因素。柏培文和张伯超（2016）研究上市公司的劳动力流动时发现，行业间的工资差异是引起劳动力流动的重要原因。巫强等（2016）运用2002年至2013年的省级面板数据研究发现，劳动力工资的增加能显著促进劳动力的流动。邓翔等（2018）运用倾向得分匹配法研究中国2010年至2013年的社会综合调查数据时发现，高工资是吸引外部劳动力流入最重要的因素。孙玉梅（2019）的研究也显示，中国地区间的工资差距会促进劳动力的跨区域流动。

虽然工资水平差异是导致劳动力流动的基本因素，但在现实中，劳动力的流动并不像经济学中所描绘的要素市场需求理论那样，只要存在工资差异就能实现劳动力的流动。Heise和Porzio（2019）利用德国的数据进行研究时发现，工资差距虽然是影响劳动力流动的重要因素，但迁移成本和工人对家乡的偏好等也是影响劳动力流动的重要因素。陈晓迅和夏海勇（2012）利用省级数据研究发现，迁移成本的存在严重阻碍了区域之间的劳动力流动。随后，佟新华和孙丽环（2014）利用省级数据再次证明迁移成本是限制中国劳动力省际自由流动的重要因素。

除了迁移成本会影响劳动力流动，居民对公共服务的偏好也会影响劳动力的区际流动。Mitchell 和 Olivia(1982)认为,工人在找工作时,相对于这个地区的工资价格水平,会优先考虑福利水平、私人养老金与卫生保健水平等,这些因素都会对劳动力的流动产生重要影响。Bartel(1982)研究发现,对于年龄较大的男性而言,其是否工作主要是由附带福利决定的,而非工资差异。Zimmermann(2009)通过研究欧洲的劳动力市场发现,健全社会保障体系可以有效地促进劳动力的自由流动。夏怡然和陆铭(2015)研究发现,不仅工资水平与就业会影响劳动力的流动,城市的基础教育与医疗卫生等公共服务对劳动力的流动也有着越来越重要的作用。王有兴和杨晓妹(2018)利用中国家庭追踪调查数据研究发现,地区的公共服务供给水平对劳动力的流向有着重要的影响。何炜(2020)基于 2017 年的全国人口流动数据研究发现,公共服务的供给水平对城市劳动力的流动有着重要的影响。

二、地方政府财政竞争对要素流动的影响

自 20 世纪 50 年代以来,关于地方政府财政竞争对要素流动的影响,以蒂布特、布坎南、奥茨为首的学者已进行了详细的阐述。蒂布特的“用脚投票”理论表明,地方政府可以通过高效的公共服务与税收组合吸引劳动力流入本地区。奥茨的财政分权理论不仅为地方政府竞争提供了完善的理论基础,更是将地方政府竞争对要素流动的影响研究拓展到了资本领域。随着研究的不断深入,地方政府财政竞争对资源配置的影响受到了大量学者的关注(Wilson,1986;Wildasin,1988;Dembour & Wauthy,2009;Pieretti & Zanaj,2011)。

Wilson(1986)在完全竞争的假设下,认为只要经济规模足够大,辖区政府就可以通过改变税率影响资本的净回报,进而促进资本的流动。Wildasin(1988)认为,地方政府为了吸引资本流入会采取多样的税收策略。Zodrow 和 Mieszkowski(1986)研究发现,地方政府为了吸引要素尤其是资本要素的流入,会竞相降低税率。Sedmihradsky 和 Klazar(2002)研究中东欧国家 20 世纪 90 年代的外资吸引政策时发现,大多数政府都采取了包括十年免税期和免征进口税等措施来吸引外国直接投资。Dischinger 和 Riedel(2011)的研究显示,跨国公司在进行资产(有形资产和无形资产)的转移时,都倾向于向税率较低的地区转移。王鲁

宁和何杨(2014)、王凤荣和苗妙(2015)通过实证研究验证了差异化的区域税负是导致要素流动的重要因素。刘穷志(2017)通过实证研究发现，资本税越重的地区的资本外流情况越严重。邓慧慧和虞义华(2017)通过1994年至2014年的省级数据研究证明，中国地方政府的税收竞争行为对资源的争夺与招商引资活动有着显著的影响。

税收竞争除了可以直接作用于资本外，还可以影响企业迁移。Carlsen等(2005)运用计量经济学的方法在探讨地方政府税收水平与流动性之间的关系时发现，地方税收行为会影响企业的流动性，地方政府的税收水平越低，其辖区内企业的流动性越高。Barrios等(2012)研究发现，母国和所在国的税率之间的差异除了会影响欧洲公司的地点选择外，还会影响公司的合并。唐飞鹏(2016)通过经验分析证实，税收竞争有利于提升低治理能力地区的企业吸引力，但在高治理能力地区则会抑制企业的进入。

除了税收竞争，财政支出竞争也是财政竞争的重要工具。Wildasin(2000)研究发现，财政支出竞争会显著地影响劳动力的流动，且对技术工人与非技术工人流动的影响存在明显的差异，财政支出竞争对技术工人流动的影响更大。Bucovetsky(2005)将纳什均衡分析引入一个简单的公共支出竞争模型，研究发现，地方政府对基础设施的公共投资可能会吸引熟练劳动力等的流动，从而有助于建立集聚经济体；即使区域的所有条件相同，政府为吸引劳动力流入也会降低公共投资生产的租金。Lozachmeur(2002)建立了一个简单的两国经济模型，研究发现财政支出竞争对于劳动力流动的影响具有双重效用，当劳动力为非熟练工人时财政支出竞争对于社会福利的改进不一定会有效果，只有当劳动力为熟练工人时效果才显著。关于国内财政支出竞争对劳动力流动的作用，现有学者的研究大多是以整个劳动力的流动为对象。夏怡然和陆铭(2015)利用中国的调查数据研究发现，长期的劳动力流动的趋势是向拥有更好的公共服务的城市流动。王丽娟(2010)在考察财政分区、户口政策跟人口流动之间的关系时发现，如果地方政府追求最大化的财政结余，那么财政分区政策与户口政策都会对人口流动产生抑制作用，只不过作用机制存在差异。朱德云等(2019)的研究显示，财政支出竞争抑制了城市劳动力的区域流动。

关于财政支出竞争对资本流动的影响,Keen 和 Marchand(1996)研究发现,在保持税率不变的情况下,地方政府减少经济建设类公共产品的提供并相应增加对社会服务型公共产品的供应将有利于资本在区域之间的合理流动。Wildasin(2011)在研究不完全流动的劳动力和投资的地方政府财政竞争对跨辖区要素流动的影响时发现,地方政府财政支出竞争会影响投资要素的跨辖区流动,但跨辖区调整的程度取决于两要素的互补性(替代性)程度以及每种要素的调整技术成本。周业安和宋紫峰(2009)研究发现,一些地方政府财政支出竞争手段,如医疗教育等公共服务的财政投入以及科学技术创新财政投入,都是地方政府吸引资本的手段。唐志军等(2011)运用 HP 滤波法分析中国的资本流动时发现,地方政府财政支出竞争确实是导致资本流动的一个重要原因。钟军委和万道侠(2018)基于空间面板数据的实证研究同样显示,地方政府支出竞争促进了资本的区域流动,但并没有提升资本的空间配置效率。而张梁梁和杨俊(2017)的研究却发现,增加地区的整体财政支出并不能吸引资本流入,但增加社会民生领域的财政支出可以显著地促进资本的区域流动。

基础设施竞争作为财政支出竞争的重要内容,也是前人研究的一个非常重要的方面。Martin(1999)研究发现,随着贸易和投资全球化发展,各个地区为了吸引流动性要素流入,积极在国际上展开竞争;欧盟大幅度地增加建设运输基础设施的预算,目的是减少区域间基础设施质量方面的差距,以此提高政府的竞争力。Taylor(1992)、Brueckner(2000)研究发现,基础设施的竞争性供应和投资补贴可能成为一个陷阱,使各地区吸收的资源过多,超过了它们从新投资中获得的收益,此外还存在地区提供的基础设施可能过于相似的问题。尽管这对企业有利,但对地区来说,损失大于收益。殷强和冯辉(2019)运用 2003 年至 2016 年的省级数据研究政府竞争对政府投资的影响,发现地方政府竞争不仅与地方政府预算内固定资产投资正相关,而且与全社会固定资产投资正相关。

前面所介绍的对财政竞争的研究都是基于税收竞争或财政支出竞争的单一视角来进行探讨的。然而,在现实中,政府经常会既使用税收竞争工具,又使用财政支出竞争工具。Wildasin(1988)探索了财政支出和税收竞争对移动资本的影响,发现不论是税收竞争还是财政支出竞争,都与资本流动相关。Cremer 等(1996)和 Wellisch(2000)认为,司法管辖区边界的开放为财政政策的竞争创造了条件,地方政府为了吸引资本流动以及工人跨辖区流动,会出现税收竞争行为与财政支出竞争行为。Dembour 和 Wauthy(2009)研究认为,由于不能无限制地减少税收收入,所以辖区政府在使用税收竞争进行资源争夺时,经常搭配进行基础设施的支出竞争。Pieretti 和 Zanaj(2011)研究发现,地方政府竞争工具的选择与辖区面积的大小相关,在辖区面积较小的情况下,政府只需提供更高水平的公共产品就能吸引外资,而无须实行减税措施;但如果辖区面积较大,那么政府会同时进行公共产品竞争与税收竞争。Hauptmeier 等(2012)的研究显示,地方政府争夺资本时会同时使用税收工具和公共支出工具。

第三节　要素流动与区域创新研究

20 世纪 80 年代末,以藤田(Fujita)、克鲁格曼(Krugman)和西塞(Thisse)等为代表的学者在新贸易理论的基础上引入"冰山成本"等概念,构造了新经济地理学模型,掀起了一场新经济地理学革命。他们认为,经济活动的空间布局主要是由流动性要素的空间配置状况决定的,要素的空间流动会对经济活动空间布局的形成产生重要影响。而创新作为重要的经济活动,其区域空间布局的形成自然会受到要素流动的影响(卞元超等,2019)。众多研究也表明,要素的空间流动会对区域创新产生重要影响。

一、劳动力流动与区域创新

在现有文献中,关于劳动力流动对区域创新的研究大多数集中在地区人口迁移和 R&D(科学研究与试验发展)人员流动方面。Peri(2012)基于美国人口普查数据的研究发现,海外移民促进了美国各州全要素生产率的提升。Foster-McGregor 和 Pöschl(2016)使用 1995 年至 2005 年 12 个欧盟国家的数据实证表明,国家间的劳动力流动能够促进产业的科技水平和生产率提高。杨倩(2015)利用联立方程模型对中国的人口迁移与区域创新关系进行了研究,结果发现,人口迁移有利于中国的区域创新。曹芳芳等(2020)利用中国人口普查数据和中国人口调查数据研究发现,外来迁入的劳动力越多,城市的第二产业与第三产业的生产率就越高。在R&D人员流动方面,卓乘风和邓峰(2017)利用中国2003年至2014年省级面板数据研究发现,R&D人员区际流动对流入地的创新绩效产生了显著的促进作用。卞元超等(2019)利用中国2004年到2015年地级市数据研究发现,R&D人员流动有利于提升区域的创新能力。也有一些人认为R&D人员对区域创新并没有积极作用。例如,白俊红和王钺(2015)利用2000年至2013年30个省区的面板数据研究发现,区际的R&D人员流动对区域创新效率的影响并不显著。刘备和王林辉(2020)的研究还发现,中国的R&D人员流动具有严重的"极化效应",西部和东北部地区研发人员的外流严重抑制了这些地区创新能力的提升。

劳动力流动影响区域创新的路径主要有两种:一是通过人力资本影响区域创新;二是通过外溢效应影响区域创新。Lucas(1988)认为影响区域或地区技术效率最重要的因素之一便是人力资本,并强调随着时间的推移,提高劳动力质量可以有效提升生产力水平。Barro(2001)在增长理论的框架下对人力资本进行了深入研究,并利用1965年至1995年的跨国数据进行了实证分析,结果显示受过高等教育的人力资本对生产力有显著的提升作用,而仅受过小学教育的人力资本作用不显著。D'Este等(2014)使用西班牙2006年至2009年的数据研究发现,拥有较高比例的技术型员工的公司具备更好的条件来消除与知识和市场相关的创新障碍,但是人力资本在帮助公司消除已发现的创新障碍方面没有发挥重要作用。Marvel和Lumpkin(2007)研究发现,一般和特定的人力资本对于创新成果来说都是至关重要的。创新激励与正规教育和技术先验知识正相关。郭国峰等(2008)研究发现,人力资本(特别是高科技人才)是技术创新的源泉,制度优化可以极大提高资源配置效率和技术创新效率。朱承亮等(2012)也认为,在劳动力结构中,受过中专以上教育的人能显著地促进创新绩效的提升。卢馨(2013)以高新技术企业为样本研究发现,企业的人力资本对于企业的自主创新有正向作用,其促进效果要强于企业的研发投入。张萃(2019)利用普查数据和中国专利数据研究发现,外来人力资本数量越多,城市的创新能力越强。

外溢效应主要是通过劳动力的集聚发挥作用。齐亚伟和陶长琪(2014)利用省级数据使用 GWR(地理加权回归)模型研究发现,地方人力资本的集聚行为会通过溢出效应增强地区知识创造和获取能力,对区域创新能力表现出了明显的促进作用。张海峰(2016)使用浙江省 69个县的数据进行研究的结果表明,人力资本集聚能够有效地促进县级区域创新绩效的提高,在一平方公里内每增加一人,创新绩效将提高 5.6%。陈淑云和杨建坤(2017)利用各区域当年在校大学生人数作为人才集聚的代理变量,衡量区域的潜在人力资本存储量,包含大学生以及研究生,研究结果显示,人才集聚能显著促进区域创新。苏屹等(2017)利用中国 2009 年至 2013 年的数据实证研究发现,人力资本促进了区域创新绩效的提高,其促进作用呈现出先上升后下降的趋势。

二、资本流动与区域创新

除了劳动力流动,资本的区域流动也会影响区域创新活动。由于区域之间的资本流动难以量化,现有关于资本流动对区域创新的探索大多集中在外商直接投资(FDI)和以引力模型测算的 R&D 资本流动方面。Cheung 和 Lin(2004)使用 1995 年至 2000 年的省级数据进行实证研究发现,FDI 对国内专利申请数量具有积极影响,且这一影响在不同类型的专利申请(发明、实用新型和外部设计)中都是可靠的。李晓钟和张小蒂(2007)利用 1995 年至 2006 年江苏、浙江两省的数据研究发现,外商直接投资能够促进区域创新水平的提升,但这种作用只对外观设计专利和实用新型专利显著,对发明专利不显著。李政等(2017)利用 2004 年至 2014 年的省级数据研究发现,外商直接投资对区域创新效率具有显著的正向作用,且这种作用在中部和西部地区表现得更为明显。然而,也有学者认为外商直接投资对区域创新的作用有限。石大千和杨咏文(2018)利用中国 1998 年至 2015 年省级层面的大中型工业企业数据研究发现,外商直接投资对区域内企业创新的效应整体为负。

在 R&D 资本流动方面,学者研究得出的结论不同。一些学者认为区域间的 R&D 资本流动对区域创新有促进作用。例如,卓乘风和邓峰(2017)使用引力模型构造的省级 R&D 资本流动指标就显示,R&D 资本区际流动对流入地的创新绩效有积极的作用。王林辉等（2021）运用2004年至2017年中国30个省份的面板数据实证研究发现，研发（R&D）资本的区际流动显著地促进了区域创新的集聚。邵汉华和钟琪（2018）也发现，区域R&D资本流动能够显著提升区域协同创新效率。此外，有学者认为R&D资本流动对区域创新没有作用或有负作用，如吕海萍（2019）使用省级数据研究发现，区域之间的R&D资本流动具有一定程度的抑制作用。

资本流动影响区域创新的主要路径也有两种：一是通过资本深化影响区域创新；二是通过风险分担行为影响区域创新。Aghion和Howitt（1992）通过构建一个包含资本积累和研发创新的理论模型，研究发现资本积累与研发创新具有动态互补性，若没有创新，则收益递减会扼杀净投资；而若没有净投资，则资本成本上升将扼杀创新。2004年，他们又对所构建的模型进行了深化，进一步发现新的技术总是体现在新的物质资本和人力资本的形式中，新技术的使用是以物质资本的投资和积累为前提的；高投资并不一定是低效增长，资本深化同样有可能促进创新能力的提升，进而实现高效的产出增长（Aghion & Howitt，2004）。除此之外，Marrewijk等（1997）构建的一个包含三个生产部门（最终产品、中间产品和研发）的增长模型也发现，资本积累与创新是一个互补的过程，如果没有资本积累，这两个过程都不会长期发生，而且这一过程可以通过希克斯中性知识溢出或通过哈罗德中性知识溢出实现自我资本积累。笪远瑶和王叶军（2022）利用中国省级数据进行实证研究发现，高效的资本深化能够对区域创新产生正向的影响。

由于技术创新本身就是一种冒险行为（Lewis，1955），具有鲜明的不确定性特征。因此，有众多的学者从风险分担的视角进行了研究。Saint-Paul（1992）研究发现，资本市场可以通过金融多元化的形式分散技术创新的风险。当市场金融化程度较低时，企业只能通过选择专业性或生产率较低的技术来控制风险；当市场金融化程度较高时，企业创新风险的成本就可以转嫁给资本市场，从而有利于高质量创新的产生。King和Levine（1993）发现，一个发达的金融体系可以通过选择更高质量的企业家和项目，或更有效地为这些企业调动外部融资，或为分散创新活动的风险提供优越的工具，来促进生产力的提高。Solomon（2002）

考察了一个经济体的金融体系结构、市场导向程度与实体经济绩效之间的关系，研究发现，在金融业发达的国家，以市场为基础的制度优于以银行为基础的制度，但以银行为基础的制度在金融业不发达的国家中表现更好。Atanassov 等（2005）使用 1974 年至 2000 年的美国公司数据研究发现，具有创新优势的大公司融资倾向于利用公共平台融资方式（股权融资或债务融资），而创新能力弱的小公司融资则倾向于基础借贷方式（银行借贷）。李晓龙和冉光（2018）发现金融抑制与资本扭曲显著地降低了中国省级区域创新效率，且金融抑制加剧了资本扭曲对区域创新效率的抑制作用。

第四节　简要评述

通过对上述相关文献的梳理，可以发现以下几点。

第一，绝大多数研究都认为公职人员的绩效考核制度是中国地方政府财政竞争产生的原因。2012 年以前，中国公职人员的绩效考核基本是以 GDP 增长为主，所以经济发展就是地方政府进行财政竞争的动因。随着国家经济发展从高速增长阶段转向高质量发展阶段，相关部门也对政府绩效的考核指标与考核权重进行了调整，强化了公职人员绩效考核中的技术创新指标。显然，这种改变会使以前的地方政府财政竞争基本激励机制发生变化。鉴于经济发展由"为增长而竞争"转向"为创新而竞争"阶段，本书从区域创新角度切入，研究地方政府的财政竞争行为，这可以有效弥补当前研究的空白，丰富地方政府财政竞争理论。

第二，虽然现有研究注意到了地方政府竞争行为对要素流动的作用，但对异质性要素流动的研究基本集中在国外，国内对其研究仍旧比较缺乏。事实上，随着国内经济的不断发展和对技术创新认识的加深，国内很多的财政支出政策与税收政策都存在明显的指向性，如人才引进的租房与生活补贴、高水平技术人才落户积分、研发费用加计扣除等，这些政策都是针对具有特定特征的要素的。所以，在研究中国财税政策的要素流动效应时有必要区分具有不同类型特征的要素流动。本书对要素流动进行了细致的划分，将劳动力流动划分为普通劳动力流动和技术型劳动力流动,将资本流动划分为普通资本流动和风险资本流动。

第三,国内关于要素流动与区域创新的研究虽然较多,但基本集中在研发人员流动、研发资本流动方面。事实上,研发人员只是技术型人才的一个组成部分,研发资本与普通资本的相互转化比较容易。虽然也有一些文献讨论了劳动力流动与外商直接投资,但依旧没有统一的结论。且在现实生活中,关于普通劳动力流动对区域创新的影响效应一直存在较大的争论:一些人认为普通劳动力对创新活动并无影响,甚至还会加重地方政府财政的负担,以至于在一些地方出现了驱逐低质劳动力现象;而另一些人则认为,普通劳动力对创新活动来说也很重要,并强烈谴责地方政府驱逐低质劳动力的行为。因此,当前关于要素流动对区域创新的研究仍然有待进一步深化。为了解决上述问题,本书从劳动力和资本要素的异质性特征出发,详细地分析了普通劳动力流动、普通资本流动、技术型劳动力流动、风险资本流动对区域创新的影响。

第四,现有关于地方政府财政竞争、地方政府财政竞争与要素流动、要素流动与区域创新的研究虽然取得了较为丰硕的成果,但依然缺乏对于地方政府财政竞争、要素流动与区域创新三者之间关系的直接论述,这为本研究提供了空间。本书以推动区域创新为目标,从地方政府财政竞争行为出发,厘清地方政府财政竞争、要素流动与区域创新三者之间的联系,并利用市级数据进行实证研究。

综上所述,本章首先对国内外相关研究文献进行了梳理,其中包括地方政府财政竞争、地方政府财政竞争与要素流动、要素流动与区域创新等方面的文献。随后又对所有文献进行了总体评述,在评述时着重对现有文献研究的局限性以及本研究的可拓展空间进行了论述,突出了本书研究的意义与价值。

第三章 概念界定与理论基础

第一节 概念界定

一、地方政府

地方政府是政治学研究中的一个重要内容。"地方"一词指的是权力管辖的空间范围。"政府"一词广义上指的是构成整个国家政权的所有机构之总称,狭义上指代的就是管理公共事务的行政机关(刘波等,2015)。有人认为,地方政府就是各式各样的国家行政机关分支,与最高政府相对应,由教区或政区组成。在联邦制国家中,地方政府指的是成员政府的分支;在单一制国家中,地方政府指的是中央政府的分支机构。不同的是,在联邦制下,地方政府也拥有一定的类似中央政府的政治权力。例如美国的税收制度,不仅中央政府具有确定税率的权力,各州的政府也具有自主确定税率的权力。所以在某种意义上,联邦制下的地方政府具有准国家的性质。在单一制下,地方政府只是中央政府的分支机构,并不具备和中央政府一样的政治权力。虽然地方政府也拥有一定的地方自主权力(如财政权、教育权等),但这些权力都是中央政府赋予的,地方政府并不具备自主赋权的能力,且其权力大小也是由中央政府决定的。因此在单一制下,地方政府只是下辖于中央政府,并不具备准国家的性质。

我国的地方政府指的是各级行政区域内负责行政工作的中央政府分支机构。由于本书的研究对象为中国地方政府,所以本书主要围绕低于中央政府的政府层级展开讨论。

二、财政竞争

由于财政竞争属于政府竞争范畴,因此,在界定财政竞争概念之前,首先应对政府竞争概念进行说明。Breton(1998)认为,各级政府其实可以看作是特殊产品或服务的生产者,任意一个政府都会为了自己的利益与同级政府或上级政府展开生产资源竞争,且这种竞争主要是通过各级政府的财政行为来实现的。随着研究的不断深入,不少学者也对政府竞争的概念进行了界定,但都认为政府竞争是各级政府为了自身的利益,在公共服务供给、基础设施建设、税收安排等方面所进行的一系列互相博弈的行为。其目的是吸引资本、劳动力等流动性生产要素的流入,以促进自身的经济发展。政府竞争可以分为纵向政府竞争和横向政府竞争两种类型。纵向政府竞争指的是不同级别政府之间的竞争,横向政府竞争指的是同一级别政府之间的竞争。本书研究的政府竞争类型为横向政府竞争。

在政府竞争中,政府利用财政手段来争取自身利益的行为即为政府财政竞争。财政竞争是政府竞争的一个重要方面。与政府竞争一致,政府的财政竞争也是为了吸引各种流动性生产要素的流入,以促进自身的经济发展。政府财政竞争的形式主要有两种:一种为财政支出竞争,另一种为税收竞争。政府通过差异化的财政支出水平或结构来吸引稀缺的生产要素流入的行为即为政府财政支出竞争。一般而言,政府财政支出的水平越高,其对流动性生产要素的吸引力就越强。政府通过差异化的税收制度或税收安排来吸引稀缺的生产要素流入的行为即为政府税收竞争。一般而言,政府制定的税率越低、税收优惠越大,其对流动性生产要素的吸引力就越强。

除了财政支出竞争和税收竞争两种主要形式,现实生活中还存在两种特殊的形式,即转移支付竞争和非税收入竞争。转移支付竞争是指地方政府为了吸引稀缺的生产要素而在争取中央政府财政转移支付的过程中所进行的一系列互相博弈的行为。非税收入竞争是指各地区通过各种差异化的服务、收费和其他非税收入竞争行为来吸引生产要素流入。转移支付竞争是一种间接的财政竞争,非税收入竞争是一种非典型的财政竞争。一般而言,政府的转移支付水平越高、非税负担越低,其对流动性生产要素的吸引力就越强;政府的转移支付水平越低、非税负担越高,其对流动性生产要素的吸引力就越弱。

在本书的研究中,财政竞争包含财政支出竞争、税收竞争、转移支付竞争和非税收入竞争四种类型。

三、地方政府财政竞争

通过上述分析,我们很容易得到关于地方政府财政竞争的一般论述。笔者认为,地方政府财政竞争是地方政府为了吸引各种流动性生产要素,促进自身经济发展,而在财政支出或财政收入上所进行的一系列互相博弈的行为。显然,本书中的地方政府财政竞争指的是地方政府之间的财政支出竞争、税收竞争、转移支付竞争和非税收入竞争。

四、要素流动

在经济学中,生产要素是进行社会生产经营活动时所必须具备的基本因素与条件。从生产要素的发展内涵来看,生产要素的种类经历了一个从二元要素论到多元要素论的演变过程。威廉·配第认为,所有物品都是由土地及其投入在土地上的劳动创造的,土地和劳动是一切财富的价值评判标准。土地和劳动体现了二元要素论。19世纪初,法国经济学家萨伊认为,商品的价值是劳动、资本和自然界提供的各种生产要素联合作用的结果,并正式提出了"劳动、资本和土地是最基本的生产要素"的三要素论。后来,经济学家马歇尔在《经济学原理》一书中将企业家才能作为第四种生产要素纳入企业生产函数,由此提出了包括企业家才能在内的四要素论。随着经济学的不断发展,要素的内涵被进一步丰富,逐渐形成了六要素论,即生产要素一般包括劳动力、资本、土地与自然资源、科学技术、信息和管理。

生产要素存在于空间中,其分布是不均衡的,这种不均衡分布赋予了生产要素流动特征。由于生产要素天然具有稀缺性,当生产要素在不同空间范围内的收益存在差异时,在利益的驱动下,生产要素为了追求报酬最大化就会发生移动,即出现要素流动。要素流动虽然不能使要素在空间上形成均匀分布,但能够提高生产要素的利用效率,促进经济的发展和社会的进步(周加来和李刚,2008)。从区域视角来看,要素流动可以划分为区内要素流动与区际要素流动。区内要素流动指的是区域空间内部的要素流动;区际要素流动指的是某一区域与其他区域之间的要素流动。本书中所讨论的要素流动指的是区际要素流动。

在各种生产要素中,土地与自然资源无法随意移动,科学技术、信息和管理移动需要以劳动力或资本为载体。因此,在本书的研究中,所讨论的要素流动仅包含劳动力流动和资本流动两种类型。

五、区域创新

创新是经济发展和社会进步的根本动力,人类社会的进步在很大程度上取决于科学技术的进步。它具有十分广泛的内涵,主要包括技术创新、制度创新、知识创新、管理创新等方面的内容。早在1912年,创新理论的奠基人熊彼特在其著作《经济发展理论》一书中就提到了"创新"一词。他认为,创新就是把新的生产条件和新的生产要素组合引入生产体系,其本质是建立一种新的生产函数,目的是获取更多的利润。一般认为,熊彼特的创新包括以下五种形式:第一,引进新产品或经过改进的产品;第二,引用新的生产技术或新的生产方法;第三,引入新的组织结构;第四,开辟新的市场;第五,控制原材料新的供应来源。以上五种形式的创新都具有使生产力增长的潜力。例如,引进新产品的实质就是发展新的生产力,而引入新的生产工艺或对生产方法进行改造的实质就是提高生产效率。[①]

近年来,随着学者对创新研究的不断深入,创新的概念和形式也逐渐丰富起来。根据研究的不同角度,创新可以分为企业创新、区域创新和国家创新。企业创新是指企业根据市场需求的发展趋势,为生产经营与市场需求相适应的产品而充分利用并不断优化自身资源与社会资源,从企业经营和管理等层面进行的创造和革新。企业创新是决定企业发展方向、发展规模和发展速度的关键要素。区域创新是指在特定地域范

---

① 熊彼特.经济发展理论[M].何畏,易家详,张军扩,等译.北京:商务印书馆,1990.

围内发生的所有创新活动和创新成果的总称(魏后凯,2006)。它是一个地区经济发展动力和社会竞争力的体现,涉及技术创新、制度创新、知识创新等多个方面(王缉慈等,2001)。目前,学术界关于区域创新的研究主要集中在以下方面:创新能力、创新投入、技术创新、区域创新系统、创新绩效及评价等(杨朝峰等,2015;蔡玉蓉和汪慧玲,2018;鲁元平等,2018;王伟和孙雷,2016;白俊红和蒋伏心,2015)。国外研究大多从创新驱动力、知识创造、传播、应用、智力财产等方面来研究国家创新能力(D'Este et al.,2014)。国内学者则大多从创新的投入及产出维度来研究国家的创新能力(陈劲和柳卸林,2008;刘凤朝,2009)。

本书选择的研究视域为区域创新,关注的重点是科学技术创新能力。因此,本书中所提到的区域创新是指区域的科学技术创新,衡量指标为每万人的专利申请数。

第二节　区域创新理论基础

一、马克思主义创新理论

关于创新思想的提出者,大多数学者都认为是马克思,例如伊特韦尔等学者就曾说过,"如果将技术创新看作经济发展与竞争的推动力,马克思恐怕领先其他任何一位经济学家"[①]。美国经济学家谢勒在《技术创新:经济增长的原动力》一书中指出,"马克思察觉到了资本主义的经济增长在于它能够将资本积累和技术创新结合起来"[②]。国内学者汪澄清(2001)经过多方面的比较研究,也得出了"马克思是创新理论的源头"这一结论。熊彼特作为提出创新理论的第一人,也认为他的创新理论源于马克思的创新思想,而且只是马克思创新思想的一小部分。

---

① 伊特韦尔,米尔盖特,纽曼,等.新帕尔格雷夫经济学大辞典.第 2 卷[M].陈岱孙,等译.北京:经济科学出版社,2006.

② 谢勒.技术创新:经济增长的原动力[M].姚贤涛,王倩,译.北京:新华出版社,2001.

马克思对创新还有许多相似的论述,内容涉及管理创新、技术创新、制度创新等多个方面。马克思的创新思想集中体现在生产力与生产关系的发展方面,特别是技术创新对生产关系的作用,如其在书中提到,"生产力决定生产关系""生产力是随着科学和技术的进步而不断发展的"①。显然,马克思已经认识到了技术创新对社会生产力的巨大作用。

在马克思看来,创新是一般主体可以进行的活动,一般主体主要包括企业家和工人。马克思认为,资本家进行创新的目的是追求剩余价值。资本家通过投入新设备、变革新技术等手段能够降低商品生产中的个别必要劳动时间,从而让自己获得竞争优势和超额利润。除此之外,马克思认为工人也是创新的重要主体,工人在生产过程中的经验总结和发明创造是资本主义社会创新的重要源泉。工人在劳动生产过程中创造了新技术、新工艺、新生产工具,并将其转化为实际生产力,促进了创新生产力的快速发展。

马克思的创新思想的先进之处在于,其超越了时代局限,形成了内涵丰富、寓意深刻的科技创新驱动生产力发展思想(崔泽田和李庆杨,2015);不足之处在于,受时代限制,马克思并未对生产力和科技创新的关系进行深入、理性思考,也没有形成明确、系统的科技创新概念。但是,根据马克思的创新思想,我们不难得知,创新离不开创新主体,也就是劳动者和资本家。劳动者可以通过改进新工艺,使用新的生产工具来促进创新;资本家可以通过投入新设备、变革新技术来促进创新。

二、熊彼特创新理论

与许多思想家和经济学家的零散论述不同,熊彼特对创新的重大贡献在于他将创新系统化,并建立了完善的创新理论体系。这也是他成为创新理论奠基人的基石。如前所述,熊彼特在其1912年出版的《经济发展理论》一书中系统地给出了经济学中广泛沿用的创新概念,这一概念的明确标志着经济学中创新理论的诞生。在该书中,熊彼特首次界定了创新的内涵,并提出了自成体系、独具一格的相对完备的创新理论。他

---

① 马克思,恩格斯.马克思恩格斯全集(第四十卷)[M].中共中央马克思恩格斯列宁斯大林著作编译局,译.北京:人民出版社,1982.

认为,创新就是建立一种新的生产函数,或将一种新的生产要素和新的要素组合引入经济系统。所以,创新可以表现在五个方面:新市场、新工艺、新产品、新原料来源、新组织形式。①

在熊彼特的创新理论中,他用"创造性毁灭"一词来描述创新对资本主义经济发展的作用。不仅如此,他还将创新纳入了经济循环系统中,利用创新来解释经济增长和经济周期形成的原因。熊彼特认为,企业之所以进行创新,其根本目的是获取更多的超额利润。企业创新是其实现超额利润的唯一方式,企业实施"创造性毁灭"活动的目的在于追求创新以及由此引发的"创造性破坏"的一系列活动中的超额利润。除此之外,熊彼特还认为,资本主义的经济周期是创新的特性所造成的。由于创新活动是一项风险活动,具有不确定性,所以资本主义经济发展也会与企业的创新活动一样,面临严重的不确定性,这种不确定性所呈现出的周期即为经济周期。可以看到,熊彼特创新理论体系和观点与主流经济学相异,所以熊彼特理论一直没能融入主流经济学中。但是,熊彼特关于创新理论的论述无疑对经济学的发展做出了重要的贡献。随着经济社会的不断发展,熊彼特的创新理论已经成为当前研究创新的基石,且熊彼特的众多观点也逐渐被学者证实。

按照熊彼特的观点,创新的本质是企业生产活动,需要要素投入。在熊彼特所论述的创新理论中,创新要素主要包括创新者、机会、环境和资源。创新者指的是具有创新意识和创新能力的人。机会指的是这种创新具有好的商业价值,可以转化成现实的产品或服务。环境指的是创新主体所处空间范围内各种要素结合形成的关系总和,包括政策体系、体制机制、文化氛围等。资源指的是追逐创新并借此获得收益的物质资本。熊彼特所论述的五种创新形式跟这四个创新要素的投入密切相关。

三、区域创新系统理论

一般而言,创新只有在创新系统中才能发挥最大作用,并有效地促进经济增长。创新系统的概念是以创新的相互作用模型为基础的。其

---

① 熊彼特.经济发展理论[M].何畏,易家详,张军扩,等译.北京:商务印书馆,1990.

主要特征是一个国家或地区的创新能力,不仅依赖于独立参与者(企业、个人、研究机构、大学等)如何运作,更依赖于它们是如何相互作用的(魏后凯,2006)。因此,就任何一个创新参与者来说,都不是孤立的,其创新活动离不开其他创新主体的相互作用和联系,这些相互作用和联系贯穿整个创新过程。

学界对于创新系统的研究始于国家创新系统。1988 年,英国学者弗里曼在研究日本的经济绩效和技术政策时提出了国家创新系统的概念(Freeman,1988)。此后,Nelson(1993)等学者对国家创新系统进行了进一步的拓展研究。随着对国家创新系统研究的不断深入,人们逐渐认识到,研究创新系统最佳的空间单元不是国家,而是区域。克鲁格曼就曾指出,创新过程的组成部分变得越来越区域化而不是国家化,并且这种现象在高技术行业更为明显(Krugman,1998)。现有研究也表明,以区域作为创新系统研究单元的重要性正在日益凸显(Fischer,2001)。这是因为:第一,在一个以学习为基础的创新环境中,区域空间临近性所带来的经济集聚有利于知识的创造、扩散和共享,增强本地的学习能力,形成一种促进学习的区域文化;第二,创新系统在区域层面更容易得到直观的体现,因为创新主体之间相互作用的频率与地理距离密切相关,地理距离越远频率越低,地理距离越近频率越高。特别是创新主体之间非正式的规范或标准方面的合作,区域层面的这类行为显然比国家层面更明显。

区域创新系统(regional innovation system,简称 RIS)的概念最早是由英国学者库克(Cooke,1992)提出的,之后关于区域创新系统的研究在各国迅速展开。但是时至今日,学术界对区域创新的定义仍然缺乏统一的看法。库克认为,区域创新系统是一种创新网络和机构的安排,这些创新网络和机构在地理上相互关联并且在分工、行政上相互支持,还依靠这种安排来提高区域内企业的创新产出。有学者认为,区域创新系统主要是由地理上相互关联的生产企业、研究机构、教育机构、政府机构、个人等构成的区域性组织体系,这种体系支持并且能够产生创新。Braczyk 等(2004)认为,区域创新系统是区域内能促进知识迅速扩散和产生最佳业绩的有关经济、政治和制度关系的集合。Asheim 和 Isaksen(2002)认为,区域集群有利于促进交互学习,而这恰好是创新系统形成的关键。

与国外相比，国内的区域创新系统研究起步较晚。王缉慈等(2001)认为，区域创新系统是区域内各网络节点(公司、大学、政府、研究机构、个人等)在长期正式或非正式的合作与交流的基础上形成的相对稳定的系统。顾新(2001)认为，区域创新系统是将新的区域发展要素或这些要素的新组合引入区域经济系统，实现一种新的、更为有效的资源配置方式，使区域内的资源得到更有效的利用，从而促进区域内部创新。任胜钢和关涛(2006)认为，区域创新系统是由知识创新系统、创新环境系统、产业系统、成果转化系统和政策管理系统所构成的，以促进创新，推动形成区域经济社会发展的空间组织结构。张振刚等(2011)基于知识转移过程，认为区域创新系统不仅包括知识生产、应用和扩散子系统，也包括外在的区域政策环境和文化环境。

综上所述，尽管不同学者对区域创新系统的理解有所不同，但一般都认为区域创新系统是一个社会系统，是区域内各个创新主体和创新要素在相互作用的基础上实现的各种高效组合。区域创新的产生离不开区域创新系统中各创新要素(劳动力、资本、制度环境等)的相互作用、相互影响、相互协调(杨省贵和顾新，2011；凌峰等，2016)。区域创新系统理论从理论上说明创新要素是创新系统不可或缺的基础构成，也是本书研究区域创新需要借鉴的重要理论。

四、中国特色创新理论

近年来，随着中国创新型国家建设步伐的加快和创新驱动发展战略的深入实施，我国的科技创新得到了快速的发展，也取得了举世瞩目的成就。在此背景下，学者纷纷开始关注并研究中国创新的发展道路及模式，中国经验逐渐成为指导发展中国家经济转型发展的重要经验。需要指出的是，中国是一个以马克思主义为指导的国家，在马克思主义经济理论的引领下，中国人民根据中国的实际情况对中国的创新道路进行了孜孜不倦的探索。中国的创新理论植根于中国特色社会主义经济和技术发展的伟大实践，并在实践中不断探索、总结和发展。中国的创新发展理论具有鲜明的中国特色(杨思莹，2019)。

在新中国成立初期，虽然中国科技发展处于起步阶段，但政府就已

将提高科技发展水平作为经济发展的重要目标。1951 年,政府提出了
"向科学进军"的口号,以及分阶段、分步骤缩小与发达国家先进科学技
术水平差距的思路(王永钦,1999)。在中央政府的大力推动下,中国的
科学技术发展经历了一个高潮。随着经济的不断发展和生产力与生产
关系的不断变化,我国又先后提出了科教兴国战略与建设创新型国家战
略,我国的科技体制改革也走进了一个新的历史时期。

　　进入新时代,创新在我国经济社会发展中的地位显得愈发重要。在
经济增速下滑、人口红利消失、资本回报率下降、生态环境失衡等问题的
制约下,2015 年,党的十八届五中全会强调,"坚持创新发展,必须把创
新摆在国家发展全局的核心位置"。除此之外,我国领导人围绕创新发
展还作出了一系列重要论述,内容涉及科技创新、体制创新、产业升级等
方面,这些都是中国特色创新发展理论的主要内容。

　　在中国的科技发展历程中,如何有效地提高资源配置效率、创新发
展的速度以及创新发展的水平一直是政策制定者探索的重点。1995
年,中共中央、国务院颁布《关于加速科学技术进步的决定》,其中首次正
式提出实施科教兴国战略。2006 年发布的《国家中长期科学和技术发
展规划纲要(2006—2020 年)》中明确指出,"建立多元化、多渠道的科技
投入体系""要实施人才强国战略,切实加强科技人才队伍建设""支持企
业培养和吸引科技人才""构建有利于创新人才成长的文化环境"。①
2015 年发布的《中共中央 国务院关于深化体制机制改革加快实施创新
驱动发展战略的若干意见》中明确了要建立更有利于创新资源合理流动
的体制机制,促进创新资源高效配置;要发挥市场对各类创新资源配置
的导向作用;强化金融创新功能;创新培养、用好和吸引人才机制。显
然,要素资源的配置状况是影响创新的重要因素。

---

　　① 国家中长期科学和技术发展规划纲要(2006—2020 年)[EB/OL].(2006-02-
09)[2020-08-12].https://www.gov.cn/jrzg/2006-02/09/content_183787.htm.

第三节　地方政府财政竞争的理论基础

一、政府行为理论

在财政学领域，虽然关于政府行为或涉及政府行为的研究浩如烟海。但关于政府行为对经济的作用，理论界一直存在争议，主要表现为政府财政政策的有效性问题，并由此引申到政府是否应该干预经济活动，以及是否应该制定财政政策等问题。其中斯密和凯恩斯的观点最具典型意义。斯密认为，政府干预会降低经济的运行效率，而市场这只"看不见的手"能够自发地调节经济并处于有效的状态，政府在经济社会中只需扮演好守夜人角色，除了一些必要的公共服务（国防、司法等）外，政府不应当介入其他的经济活动。① 凯恩斯则认为，由于经济活动存在失灵的情况，单靠市场机制的自发调节，经济是无法处于有效状态的，所以需要使用政府手段进行干预，以弥补市场的失灵。②

即便理论界存在诸多争议，但在现实的经济生活中，政府通常会参与经济活动。特别是我国，政府的财政政策一直是进行宏观调控与推进国家治理的重要选择。党的十八届三中全会明确指出，"财政是国家治理的基础和重要支柱"，以及要"推进国家治理体系和治理能力现代化"。虽然有学者建议政府不要过度干预市场的运行，认为政府干预市场会扭曲资源的配置，但这些建议基本集中在市场机制能够有效调节、不存在外部性的经济活动中。对于存在外部性的经济活动，单靠市场机制调节，其社会资源投入和资源配置状态都难以达到合意规模和社会最优。这时政府进行适度的干预和调控能够在一定程度上解决外部性问题，使得资源配置能够接近，甚至达到比较合意的社会状态。除此之外，对于一些与国计民生高度相关的产业，大多数国家也会实行政府经营，这些产业的资源配置也是由政府决定的。

---

① 斯密.国富论[M].唐日松,等译.北京:华夏出版社,2005.
② 凯恩斯.就业利息和货币通论[M].徐毓枏,译.北京:商务印书馆,1983.

我国的社会主义市场经济体制是一种特殊的市场经济体制。在这种体制下,不仅市场机制能够配置资源,政府也能够配置资源。政府不仅可以对经济活动予以规范与指导,弥补市场机制的缺陷,改进资源配置状况,也可以主导某些经济产业,实现对资源的配置。显然,政府行为对经济的资源配置有着深刻的影响。政府的财政竞争作为一种政府行为,政府财政收支的方方面面(特别是政府的公共服务供给行为和税收优惠行为)必然会对经济资源的配置产生影响。

二、政府竞争理论

政府竞争这一概念源于德国学者布雷顿(Breton)提出的竞争性政府的概念。在联邦制国家中,政府之间的关系总体上是竞争性的,政府之间、下级政府与上级政府之间、政府与政府之外的主体都会为了自身的利益而相互竞争(Breton,1996)。在布雷顿的研究中,政府竞争的内容主要包括两部分:一是为了要素的竞争,这类竞争多表现为辖区政府间的横向竞争。Breton(1996)认为,对辖区政府来说,选民和市场主体既是其赖以存在的基础,又是其权力的来源。一方面,辖区政府的权力源于本地选民的意愿,选民需要好的公共物品或服务,辖区政府的行为必须反映这些意愿;另一方面,一个地区吸引的资源越多,政府可控制的资源就越多,相应的现实权力也就越大。当辖区政府通过制度或其他竞争吸引要素发展当地经济时,不仅辖区政府可以获得更大的权力,当地居民也能获得更高水平的公共物品或服务。二是对资源分配的竞争,这类竞争多表现为上下级政府间的纵向竞争。通常是下级政府为了能获得更多资源分配而同上级政府展开博弈,主要包括财权的分割、事权的界定以及转移支付等。

关于政府竞争的经济影响,Cumberland(1981)认为,辖区之间的政府竞争会导致"逐底竞争"行为。不同辖区的政府为了吸引更多的要素流入,会竞相降低税率(公共物品的价格),从而导致在税率上出现恶性竞争。这种竞争会破坏市场的公平性,降低公众和社会的福利。而Wilson和Gordon(2003)却认为,辖区间的政府竞争行为是"逐顶竞争"而不是"逐底竞争",地方政府的竞争行为可以限制特殊利益集团的利益,同时又不以大多数人的利益牺牲为代价。新制度经济学则认为,辖区竞争是两个或两个以上行政区域的政府为了吸引投资和发展行政区域经济,通过公共产品的提供而展开的竞争。建立产权保护机制、有效政府体制和创业创新体制是辖区竞争的前提。

政府竞争主要包括财政竞争、制度竞争、标尺竞争三种形式(郭栋和胡业飞,2019)。政府通过向选民和其他经济主体提供其所偏好的公共产品和服务以吸引稀缺生产要素的行为就是政府财政竞争。在政府财政竞争中,政府既可以通过投资更多的基本公共服务等来吸引劳动力流入,也可以通过降低实际税率吸引资本流入,以促进本地经济的发展。需注意的是,虽然财政竞争行为在一定程度上可以增进公众和社会的福利,但如果这种竞争超过了一定的限度,变成"逐底竞争",就会损害公众和社会的福利。

三、财政分权理论

以蒂布特的研究为起点,财政分权理论经历了两个发展阶段。传统的第一代财政分权理论以斯蒂格勒(Stigler,1957)、马斯格雷夫(Musgrave,1959)、奥茨(Oates,1972)等学者为代表。他们认为,相比中央政府,地方政府与居民的接触和交流更为直接,能够获取更完备的信息,因而地方政府可以更加准确地了解居民的实际需求,从而提供相应的公共产品和服务。如果将资源配置的权力更多地向地方政府倾斜,那么地方政府就能够根据其辖区内居民的偏好,提供更好的公共产品和服务,进而提升社会总福利水平。第二代财政分权理论以温加斯特、钱颖一、罗兰(Weingast,1995;Qian & Roland,1998)等为代表。他们吸收了机制设计理论的研究成果,认为地方政府是追求自身利益最大化的"经济人",而不是追求社会福利最大化的"公共利益守护者"。经济社会必须通过合理的制度安排来规范地方政府的行为,而财政分权制度就是一种有效的机制设计,财政分权制度可以促使地方政府在追求自身利益最大化的同时实现经济增长。虽然第一代财政分权理论与第二代财政分权理论的侧重点有所不同,但他们都肯定了财政分权制度对经济的作用,即财政分权能够减少信息成本,优化资源配置,提高经济效率,促进经济发展。

在现实的研究中,对于财政分权影响资源配置的效果,不同学者持有不同的观点。Lin和Liu(2000)认为,财政分权制度有效地消除了各级政府在财权与事权上的各种缺位和越位现象,显著地提升了资源的配置效率。Chu 和 Zheng(2013)利用中国省级数据研究发现,财政分权促进了政府基础设施和教育等方面的投资,提高了资本存量和人力资源水平,优化了区域资源配置。Demurger(2001)却认为财政分权会在"政治锦标赛"的影响下使政府的财政支出政策带有明显的倾向性,这会扭曲资源的配置。除此之外,财政分权制度还可能加剧市场分割,阻碍资源流向生产率更高的国家或地区(Boyreau-Debray,2003)。

在现实生活中,任何一个地方的政府都有着自己的利益,财政分权使地方政府拥有一定限度的财权。所以在利益的驱使下,财政分权必然会导致地方政府竞争,这个竞争过程包括支出竞争、税收竞争、转移支付竞争和非税收入竞争。在财政分权体制下,地方政府可以在其拥有的财权范围内,根据自身的利益或偏好确定财政收支行为。当地方政府之间的利益或偏好相似时,就会不可避免地出现财政竞争现象。在以 GDP 为考核目标的"政治锦标赛"的激励下,地方政府为了发展经济必然会因争夺各种生产要素而展开公共服务竞争、税收竞争、转移支付竞争和非税收入竞争等。

四、博弈与信息理论

博弈是指存在利益冲突的决策主体(或参与者)在相互对抗(或合作)的过程中一系列行动和策略的集合。博弈可以划分为合作博弈和非合作博弈。他们之间的区别主要在于参与者能否就他们的行为达成一个具有约束力的协议。如果能,就是合作博弈;如果不能,就是非合作博弈(张维迎,2004)。所以,合作博弈强调的是团体理性,是效率、公正和公平;非合作博弈强调的是个人理性、个人最优决策,其结果可能是有效率的,也可能是无效率的。经济学中所说的博弈一般是指非合作博弈。

非合作博弈研究的是策略环境中理性参与者的行为相互依赖时的决策及均衡问题。它具有如下基本特征:第一,策略性的个体决策。非合作博弈把所有参与者的行为都当成个别行动,也就是说每个参与者必须作出自己的决定,进行独立自主的决策。此外,参与者处于策略环境中,其利益不仅取决于自己的行动,还依赖于其他参与者的行动。参与者的最优行为与其预期的其他参与者所采取的行动相关。第二,参与者是理性的。非合作博弈还假定所有参与人都是理性的,即在给定的情况下,决策者都能根据自己的偏好,在所有的方案中挑选出最好的方案,且能够做出前后一致且精确的最优选择而不会犯错。参与者理性包含两层含义。一是在不确定或信息非对称的环境中,参与者对未知的信息具有一定的先验信念;二是在既定的信息结构下,参与者能够按照期望最大化原则行事,以追求自身利益最大化。第三,博弈规则既定。博弈规则是对博弈具体如何进行所作的一种完整界定,它包括行动、信息、支付三个要素,是构建博弈模型的核心。博弈规则或制度安排在很大程度上决定了个体的选择和结果之间的关系,影响资源的配置效率。博弈规则等同于参与者对博弈实际进程的一致认知能力,每个参与者都要服从规则,按照既定的博弈规则采取行动以获益。

根据不同基准,非合作博弈有不同的分类。根据参与人行动的先后顺序,非合作博弈可以分为静态博弈和动态博弈。前者指的是参与者同时选择行动,或参与者在选择行动时彼此观察不到其他参与者的行动选择;后者指的是参与者的行动有先后顺序之分,并且后行动者能观察到先行动者的行动。根据参与者对相关信息的了解程度,非合作博弈又可以分为完全信息博弈和不完全信息博弈。前者指的是每个参与者对所有其他参与者的相关信息有准确的了解;后者指的是参与者所拥有的信息非对称或不完全。

根据对非合作博弈的论述,同级地方政府之间的财政竞争其实就是非合作博弈行为。地方政府是博弈行为的参与人,政府的财政政策或行为是参与人的行动或策略,稀缺的要素是参与人追求的目标(利益或支付)。地方政府往往只具备个体理性,缺乏集体理性。因此,地方政府为了自身的利益利用财政竞争手段争夺要素的行为也可以借助非合作博弈理论来解释。

本章首先对关键概念进行了界定,以此明确研究边界及范围。其次,本章从马克思主义创新理论、熊彼特创新理论、区域创新系统理论等角度对要素流动与区域创新之间的关系进行了系统论述。最后,本章从政府行为理论、政府竞争理论、财政分权理论和博弈与信息理论对地方政府财政竞争与区域之间的要素流动关系进行了详细阐述。其目的在于厘清"地方政府财政竞争—要素流动—区域创新"之间的理论逻辑,为接下来的实证分析做准备。

第四章 地方政府财政竞争形成的背景分析及存在性检验

第一节 地方政府财政竞争形成的背景分析

地方政府财政竞争行为形成需具备三个基本条件:一是辖区政府在财政方面必须拥有一定的自主权;二是有自己的经济利益,竞争的目的就是扩大这种经济利益;三是生产要素能够自由流动。只有这样,地方政府才能运用财政竞争手段吸引要素流入,进而调整区域的要素配置,以实现区域创新发展。这三个条件与中国的财政体制、政治体制和现实状况密切相关,本章将从这些方面论述地方政府财政竞争形成的机制。

一、财政体制背景

回顾新中国成立以来的财政体制变化情况,中国的财政体制大致可以归纳为四个阶段。

第一个为 1949 年至 1953 年的统收统支阶段。在这个阶段,我国的财政收入统一上缴中央,支出由中央统筹。财政的所有权限都集中在中央,地方政府在财政上并没有独立支配的权力。所以,在这个阶段,地方政府并没有能力展开财政竞争。

第二个为 1954 年至 1978 年的统一领导、分级管理阶段。这个阶段也是中国财政分权的探索阶段,在这个阶段,为了调动地方政府的积极性,中央开始尝试赋予地方一定的财政自主权,比如在财政收入方面给予地方政府一定的留存收入,将财政支出划分成中央财政支出和地方财政支出。这个阶段看似赋予了地方政府一定的财政自主权,但由于中央政府给地方政府的留存收入过少，且地方政府的支出指标也是由中央硬性规定的，所以这个阶段的地方政府依然没有能力进行财政竞争。

第三个为1979年至1993年的分级包干阶段。在这个阶段，我国财政实行划分收支、分级包干制度，中央与地方签订财税承包协议，明确双方的收支范围。地方政府在划定的收支范围内自行组织收入、安排支出，按照多收多支、少收少支的方式自求收支平衡。在这个阶段，中国财政体制由高度集权转向高度分权，因此可以说是地方政府财政竞争真正形成的阶段。然而，这种高度的财政分权不仅带来了无序的竞争，使地方政府的财力差距持续扩大，市场出现严重的分割，还会导致中央财政收入不足，大大降低中央的宏观经济调控能力。

第四个为1994年至今的分税制阶段。在这个阶段，中国按照中央政府与地方政府的事权划分，合理地确定了各级政府的支出范围，并根据事权与财权相结合的原则，将税收划分为中央税、地方税和中央地方共享税。分税制改革明晰了中央与地方的财政收入，极大提高了中央政府的财政收入，改善了中央政府的宏观经济调控状况，且中央政府的转移支付行为也在一定程度上遏制了地方政府的无序竞争。

显然，自财政包干的财政分权政策实施以来，中国地方政府就有了一定的自主财政收支权力，这种权力为地方政府财政竞争奠定了基础。

二、政治体制背景

虽然财政分权赋予了地方政府一定的自主权力，但这并不是地方政府财政竞争产生的充分条件，强有力的政治激励才是必不可少的前置条件。关于中国公职人员晋升的政治体制的变革，大概经历了两个阶段。

第一个为1949年至1978年的政治表现阶段。在这个阶段，政府对公职人员的考核主要以德、能、勤、绩为重点，公职人员在这些方面做得越好，其向上晋升的概率就越大。显然，这种绩效考核方式只与公职人员自身的品德相关，并不能有效地激励地方政府进行财政竞争。

第二个为1979年至今的"目标责任制"阶段。这个阶段又可以分为两个时期：一是1979年至2011年的以经济建设为中心时期。在这个时期，政府对公职人员的考核主要以经济发展的各种指标为主，特别是经济增长的速度指标。政府在任免公职人员时，地区生产总值是决定性因素。因此，为了自身的政治前途，会想方设法地发展经济。在这一时期，地方政府的核心利益便是经济增长。二是2012年至今的高质量发展时期。上一个时期的绩效考核体制虽然极大地激发了地方政府发展经济的热情，但是由于只注重经济发展的"量"而不重视"质"，给中国经济的可持续发展带来了诸多问题。在这个时期，中国的政府绩效考核弱化了经济增长相关指标，并将创新、环境等体现高质量经济发展的相关指标纳入了考核范围。这种变化使得政府在任免公职人员时，打破了上一阶段的"唯GDP"原则，使地区经济发展质量成为公职人员任免考核的主流方式。同时，地区经济发展质量也成为这一时期地方政府的关注的重点。

由以上分析可知，自1979年中国政府实施"目标责任制"晋升体制以来，地方政府就有了自身独特的核心利益，在利益的引导下，地方政府自然就有了相互竞争的动力。

三、现实背景

除了地方政府需具备一定的自主财政收支权力和自身的核心利益，自由流动的要素也是形成地方政府财政竞争的必要条件。因为在现实生活中，无论是以经济建设为中心的发展阶段，还是高质量的发展阶段，都离不开要素的投入。从经济学视角来看，具有自由流动属性的生产要素主要有两种，即劳动力和资本，本章将对这两种要素进行讨论。

我国是一个人口大国，人口数量约占整个世界人口总量的20%。从1980年至2011年，中国的劳动年龄人口数量一直处于增长状态。近年来，虽然中国劳动年龄人口数量有所下降，但截至2021年仍有约8.8亿人。显然，中国有着充裕的劳动力资源。虽然劳动力的流动受到流动成本的制约，但是中国为了促进劳动力的流动，在交通基础设施方面进行了大规模的投资。1978年，中国的公路总里程为89万公里，铁路总里程为5.2万公里。到了2021年底，中国的公路总里程达到了528.07万公里，铁路营业里程达到15万公里，其中还包含了约4万公里的高铁营业里程。越来越发达的交通设施极大地促进了区域间的劳动力流动。

与劳动力相比，资本的区域流动就简单很多。资本的本质是逐利的，只要具有较高的利润，资本就会集聚。而对于一个地区而言，没有资本的投入，就不能支撑地区经济的发展，企业的生产、科学技术的研究、环境的保护等都需要资本的支持。正是由于这个原因，在改革开放初期资本较为短缺的时代，地方政府对资本的争夺远比对劳动力的争夺激烈。而现今随着人口红利的消失，地方政府也需要越来越多的资本替代劳动力的投入。

第二节　地方政府财政竞争实证分析的模型构建

在实证分析地方政府财政竞争的创新效应之前，首先应该对地方政府之间财政竞争行为的存在性进行验证。关于地方政府财政竞争存在性的检验，现有文献主要有以下几种方法：第一，β 系数收敛方法，即通过借鉴经济收敛的思想来研究地方政府财政竞争行为（李齐云和伍文中，2011；范柏乃和陈玉龙，2014）。第二，变异系数方法，即通过财政收支数据的标准差与均值的比值来研究地方政府财政竞争行为（伍文中，2010）。第三，空间计量方法，即借助空间计量手段来研究地方政府财政竞争行为（Borck et al.，2007；沈坤荣和付文林，2006；李永友，2015）。从现有研究来看，空间计量方法是应用最广泛的方法，其原因在于，地方政府财政竞争的实质是财政政策的一种空间策略互动行为。鉴于此，本章也将采用空间计量模型来检验地方政府财政竞争行为的存在性。

一、模型设定

对于财政政策空间策略互动的研究，最初学者都是以理论分析为主。随着计量技术的发展，空间计量的出现使得实证分析不同主体之间的财政政策策略互动行为成为可能。Case 等（1993）从政策变量的策略互动特性出发，运用空间滞后截面模型对美国各州之间的财政支出策略互动行为进行了研究。Brueckner（2003）将数据类型进一步拓展到面板数据，解决了控制变量和扰动项的相关关系导致的内生性问题。本章借鉴已有研究，使用空间面板计量模型对地方政府财政政策策略互动行为进行识别，本章的实证模型设定如式（4-1）所示。

$$y_{i,t} = c + \beta y_{i,t-1} + \rho W y_{i,t} + \eta X_{i,t} + \delta_i + \mu_t + \varepsilon_{i,t} \tag{4-1}$$

在式(4-1)中，$y_{i,t}$ 为城市 i 在第 t 年的相关财政政策变量（人均财政支出水平或税负水平）。ρ 为财政政策策略互动影响系数，反映的是该城市财政政策受其他城市相关财政政策影响的方式。当 ρ 为正时，表示该城市财政政策受其他城市相关财政政策同向的影响；当 ρ 为负时，表示该城市财政政策受其他城市相关财政政策负向的影响。W 为一个满足 $n \times n$、对角线元素均为 0 的空间加权系数矩阵，衡量的是城市之间财政政策相互影响的重要程度，其构造方式将在下文予以说明。X 为控制变量，代表可能影响相关财政政策变量的经济因素。δ 为城市固定效应，代表城市之间的禀赋差异。μ 为时间固定效应，代表年份之间的禀赋差异。ε 为模型的误差项。除此之外，考虑到财政政策具有持续性特征，本章在估计时将相关财政政策变量的滞后一期也引入模型。

二、空间权矩阵的设定

在空间计量模型中，权矩阵是反映单元空间关系的关键所在。权矩阵设定的正确与否将直接关系空间计量模型对现实的解释力。根据本章研究的内容，采用先验的设定方法设立以下四种权矩阵。

(1)基于邻近概念的空间加权系数矩阵

基于邻近概念的空间加权系数矩阵是将区域之间的空间地理位置作为矩阵的设定基础。邻近在这里指的是相邻，即两个城市之间具有共同的地理边界或共同的顶点。假定 $w_{i,j}$ 为空间加权系数矩阵 W 第 i 行第 j 列的元素：如果城市 i 与城市 j 相邻，则 $w_{i,j}$ 赋值为 1；如果城市 i 与城市 j 不相邻，则 $w_{i,j}$ 赋值为 0。按照此种设定规则，由 n 个城市所构成的空间加权系数矩阵 W 就是一个 n 行 n 列、对角线元素为 0 的"0-1"对称矩阵。

(2)基于距离概念的空间加权系数矩阵

地理学第一定律认为，事物之间的相关性与距离有关：距离越近，其相关性就越强；距离越远，其相关性就越弱。根据此思想，本章进一步采用地理距离来刻画城市之间财政政策的相互关系，并通过城市间的地理距离来构造空间加权系数矩阵，具体方法为，如果 i 不等于 j，则空间加

权系数矩阵 W 中的元素 $w_{i,j} = 1/d_{i,j}$,否则元素 $w_{i,j} = 0$。其中,$d_{i,j}$ 为城市 i 到城市 j 的地理距离,这个地理距离既可以用两个城市之间的铁路里程、公路里程来表示,也可以用两地政府的直线距离或两地中心的球面距离来表示。本章中的 $d_{i,j}$ 是用国家基础地理系统所公布的地级市经纬度计算的球面距离来表示的。

(3)基于城市等级概念的空间加权系数矩阵

前面讨论的两种空间加权系数矩阵都是以空间地理位置为基础进行构造的。然而,不仅是地理位置,城市的经济发展状况也同样会对城市间的财政竞争行为产生影响。关于此类空间加权系数矩阵的设定,现有学者大多是利用两个城市之间人均 GDP 差值的倒数来构造的(谢贞发和范子英,2015)。显然,这类权矩阵蕴含了一个潜在的逻辑,即两个城市的人均 GDP 差值越小,其财政政策的联系就越大,两个城市的人均GDP 差值越大,其财政政策的联系就越小。在此,本章也借鉴这一思想,有别于此的是,本章的经济发展状况并不是通过人均 GDP 来刻画的,而是通过城市等级来反映的,即通过城市等级构建空间加权系数矩阵。[①] 其具体的构造方式为,如果城市 i 与城市 j 的等级一样,则空间加权系数矩阵 W 中的元素 $w_{i,j} = 1$,否则元素 $w_{i,j} = 0$。

(4)基于行政概念的空间加权系数矩阵

除了城市的地理位置与经济发展状况,笔者认为,城市的行政所属区域也可能影响城市的财政竞争行为。因为从中国地市级公职人员晋升的情况来看,本省晋升的数量远大于外省晋升的,所以就同一个省内的公职人员来说,他们所面临的"政治锦标赛"激励要比省外的公职人员多。因此,本章在此利用行政所属区域来刻画城市财政竞争关系,这类空间加权系数矩阵的设定方式为,如果城市 i 与城市 j 位于同一个省份,则空间加权系数矩阵 W 中的元素 $w_{i,j} = 1$,否则元素 $w_{i,j} = 0$。

———————————

① 依据城市的经济综合实力,2018 年《城市商业魅力排行榜》将城市的等级分为五档:一线城市、二线城市、三线城市、四线城市与五线城市。由于四线城市和五线城市经济发展水平的差距并不明显,所以本书将这两类城市合并为一档。

第三节　地方政府财政支出竞争存在性检验

一、变量选择

对于式(4-1)中地方政府财政支出政策变量,本章以各个地区的人均财政支出来表示。此外,为了更全面、深入地考察财政支出竞争行为,我们还对不同类型财政支出竞争行为的存在性进行了研究。根据政府的职能,财政支出可以划分为社会性支出、经济性支出与维持性支出。由于统计数据的缺失,城市层面的经济性支出与维持性支出数据无法完全获取。因此,本章将财政支出划分为社会性支出与非社会性支出两类。其中,社会性支出是地方财政教育支出、科技支出、社会保障与就业支出和医疗卫生与计划生育支出之和;非社会性支出是地方财政经济性支出和维持性支出之和。在本章的实证研究中,这两种支出类型的政策变量表示指标分别为人均社会性支出与人均非社会性支出。各指标的计算方法为:人均财政支出等于各地区一般公共预算财政收入除以其总人口数;人均社会性支出、人均非社会性支出分别等于各地区社会性支出、非社会性支出除以其总人口数。

对于可能影响相关财政支出变量的经济因素 X,依据地方政府财政竞争理论和我国经济发展的特点,参考现有文献的普遍做法,本章选择了如下变量:第一,第二产业产值占比,由各个城市的第二产业增加值除以其国内生产总值得到。第二,第三产业产值占比,由各个城市的第三产业增加值除以其国内生产总值得到。第三,财政自给率,用各个城市的财政一般预算收入除以一般预算支出来衡量。第四,实际使用外资金额占比,由各个城市的外商直接投资除以其国内生产总值得到。需要说明的是,本章所使用的外商直接投资数据都经过了汇率转换。第五,就业水平,由各个城市的总就业人数取对数得到。第六,固定资产投资占比,由各个城市的固定资产投资总额除以其国内生产总值得到。第七,生产总值增长率,即各个城市的生产总值增长率。

二、数据介绍

从已有的研究来看，现有文献关于地方政府财政支出竞争的研究大多集中在省际维度上，城市维度的研究相对较少。然而，相关的调查研究表明，相比省级和乡镇级，地市级和县（市）级的竞争更为激烈（胡仙芝和马静，2010）。所以，从省级层面来研究地方政府财政支出竞争可能无法理解中国地方政府财政支出竞争的本质。除此之外，从省级层面来研究地方政府财政支出竞争问题还会面临样本量偏小的问题，不能精准捕捉地方政府财政支出竞争行为。将城市作为研究对象，一方面，可以直接触及中国地方政府财政支出竞争的核心层面；另一方面，也可以避免以各省为研究对象所带来的样本量偏小问题。因此，本章将以城市为研究对象来检验地方政府财政支出竞争的存在性。考虑到数据的可得性，本章将样本的起始年份设定为 2003 年，将样本的截止年份设定为 2018 年。

本章的社会保障与就业支出、医疗卫生与计划生育支出，以及固定资产投资数据均来自 CEIC（环亚经济数据有限公司）数据库，所收集数据的起始年份为 2005 年。其余各变量数据主要来源于《中国城市统计年鉴》《中国区域经济统计年鉴》《全国地市县财政统计资料》与 EPS（经济预测系统）全球统计数据库。其中，由于个别城市的数据缺失严重，本章最终选取了 285 个城市作为样本进行研究。

三、地方政府财政支出竞争实证分析

根据本章实证模型的设定，表 4-1、表 4-2 和表 4-3 分别给出了地方政府财政支出及各类支出项目（社会性支出与非社会性支出）竞争行为的估计结果以及检验数值。其中，表格中的第（1）列、第（2）列、第（3）列和第（4）列的计量模型所使用的空间加权系数矩阵分别是基于邻近概念 $W1$、距离概念 $W2$、城市等级概念 $W3$ 和行政概念 $W4$ 计算出来的。为了排除城市自然禀赋差异和时间趋势对实证模型可能造成的影响，本章在所有的实证分析过程中都控制了时间固定效应与地区固定效应。

表 4-1 市级政府财政支出策略互动回归结果

变量	(1)空间权重 $W1$	(2)空间权重 $W2$	(3)空间权重 $W3$	(4)空间权重 $W4$
L. 人均财政支出	0.936*** (0.009)	0.946*** (0.008)	0.907*** (0.009)	0.931*** (0.009)
W * 人均财政支出	0.041*** (0.009)	0.182*** (0.031)	0.147*** (0.015)	0.006*** (0.001)
第二产业产值占比	−6.270 (11.225)	−2.455 (11.022)	−4.289 (11.098)	−5.897 (11.210)
第三产业产值占比	−6.602 (14.247)	−24.291* (13.768)	−10.515 (14.087)	−8.242 (14.223)
财政自给率	−26.161*** (3.320)	−27.021*** (3.254)	−25.201*** (3.280)	−25.473*** (3.312)
实际使用外资金额占比	44.080** (19.105)	22.874 (19.315)	37.189** (18.803)	35.273* (18.985)
就业水平	393.521*** (122.722)	330.887*** (123.897)	377.688*** (121.363)	405.616*** (122.496)
固定资产投资占比	−81.228 (157.958)	38.557 (153.922)	102.173 (157.332)	−86.080 (157.768)
生产总值增长率	17.786*** (6.516)	14.900** (6.128)	10.844* (6.477)	15.321** (6.516)
常数项	1029.213 (1047.164)	1396.812 (1026.035)	539.663 (1036.801)	1206.449 (1043.772)
时间固定效应	控制	控制	控制	控制
城市固定效应	控制	控制	控制	控制
R^2	0.966	0.965	0.967	0.967
wald 值	1508.632	3761.591	1549.962	1513.276
p 值	0.000	0.000	0.000	0.000

注:L. 表示滞后项,后同。第(1)列为使用邻近概念空间权矩阵的回归结果。第(2)列为使用距离概念空间权矩阵的回归结果。第(3)列为使用城市等级概念空间权矩阵的回归结果。第(4)列为使用行政概念空间权矩阵的回归结果。所有方程的因变量都为人均财政支出。括号内为标准误,*、** 和 *** 分别表示在 10%、5% 和 1% 的显著性水平上显著。

表 4-2　市级政府社会性支出策略互动回归结果

变量	(1) 空间权重 W1	(2) 空间权重 W2	(3) 空间权重 W3	(4) 空间权重 W4
L. 人均社会性支出	1.019*** (0.012)	1.001*** (0.012)	0.969*** (0.014)	1.011*** (0.012)
W * 人均社会性支出	0.025*** (0.009)	0.197*** (0.036)	0.122*** (0.018)	0.015*** (0.003)
第二产业产值占比	−4.113 (5.136)	−5.987 (5.246)	−5.195 (5.092)	−3.379 (5.114)
第三产业产值占比	−2.185 (6.490)	−11.079* (6.070)	−5.075 (6.430)	−2.833 (6.449)
财政自给率	−3.260*** (1.177)	−4.019*** (1.185)	−2.810** (1.168)	−3.128*** (1.171)
实际使用 外资金额占比	21.075*** (7.479)	16.426** (7.785)	16.806** (7.388)	18.082** (7.412)
就业水平	108.641** (43.206)	26.998 (43.797)	119.977*** (42.758)	113.258*** (42.921)
固定资产投资占比	6.189 (58.836)	−99.140* (57.462)	28.093 (58.435)	1.158 (58.526)
生产总值增长率	6.909*** (2.340)	10.221*** (2.209)	5.381** (2.328)	6.674*** (2.329)
常数项	171.075 (471.487)	826.436* (453.873)	148.545 (466.586)	133.559 (468.692)
时间固定效应	控制	控制	控制	控制
城市固定效应	控制	控制	控制	控制
R^2	0.976	0.973	0.976	0.976
wald 值	892.954	2969.918	912.822	903.834
p 值	0.000	0.000	0.000	0.000

注:第(1)列为使用邻近概念空间权矩阵的回归结果。第(2)列为使用距离概念空间权矩阵的回归结果。第(3)列为使用城市等级概念空间权矩阵的回归结果。第(4)列为使用行政概念空间权矩阵的回归结果。所有方程的因变量都为人均社会性支出。括号内为标准误,*、** 和 *** 分别表示在 10%、5% 和 1% 的显著性水平上显著。

表 4-3　市级政府非社会性支出策略互动回归结果

变量	(1) 空间权重 **W**1	(2) 空间权重 **W**2	(3) 空间权重 **W**3	(4) 空间权重 **W**4
L. 人均非社会性支出	0.738*** (0.011)	0.734*** (0.011)	0.713*** (0.011)	0.741*** (0.011)
W * 人均非社会性支出	0.043*** (0.013)	0.327*** (0.068)	0.180*** (0.023)	−0.002 (0.002)
第二产业产值占比	−5.322 (15.670)	−18.929 (15.591)	−2.352 (15.527)	−6.522 (15.704)
第三产业产值占比	−25.429 (19.809)	−24.312 (18.097)	−25.479 (19.616)	−27.317 (19.845)
财政自给率	−34.434*** (3.937)	−29.585*** (3.869)	−33.093*** (3.898)	−33.919*** (3.942)
实际使用外资金额占比	90.125*** (24.348)	95.361*** (24.875)	82.075*** (24.061)	84.856*** (24.343)
就业水平	412.230*** (144.310)	588.420*** (144.037)	393.740*** (142.956)	424.062*** (144.597)
固定资产投资占比	184.649 (198.898)	232.018 (191.738)	340.291* (198.171)	170.428 (199.257)
生产总值增长率	20.882** (8.159)	11.646 (7.441)	15.168* (8.108)	20.358** (8.174)
常数项	2235.383 (1434.846)	1583.473 (1353.885)	1601.846 (1423.874)	2500.948* (1436.738)
时间固定效应	控制	控制	控制	控制
城市固定效应	控制	控制	控制	控制
R^2	0.936	0.933	0.938	0.936
wald 值	564.330	998.191	580.678	560.877
p 值	0.000	0.000	0.000	0.000

注:第(1)列为使用邻近概念空间权矩阵的回归结果。第(2)列为使用距离概念空间权矩阵的回归结果。第(3)列为使用城市等级概念空间权矩阵的回归结果。第(4)列为使用行政概念空间权矩阵的回归结果。所有方程的因变量都为人均非社会性支出。括号内为标准误,*、** 和 *** 分别表示在 10%、5% 和 1% 的显著性水平上显著。

　　从表 4-1 所呈现的结果来看,在基于邻近概念、距离概念、城市等级概念和行政概念所构造出来的空间权矩阵模型中,**W** * 人均财政支出的回归系数在 1% 的显著性水平上均通过了检验。这表明,地理相邻的城市、地理空间关联的城市、经济发展状况相似的城市以及行政所属一致的城市之间的财政支出行为均存在显著的竞争性。

此外,$W*$人均财政支出的回归系数在所有模型中的数值均为正值。这说明,在我国地级市政府财政支出策略互动行为中,城市相互之间采取的主要策略为竞争性策略①,即当相关城市提高人均财政支出水平时,该城市的人均财政支出水平也会提高;而当相关城市降低人均财政支出水平时,该城市的人均财政支出水平也会降低。除此之外,基于地理距离概念的空间权矩阵模型回归结果还能证明:地理距离越近,城市之间的财政支出行为的影响效应越强;地理距离越远,城市之间的财政支出行为的影响效应越弱。

由表4-2和表4-3可以看出,在社会性支出策略互动回归结果中,基于邻近概念、距离概念、城市等级概念、行政概念所构造出来的空间权矩阵模型的 $W*$ 人均社会性支出的回归系数在1%的显著性水平上均通过了检验,且数值为正。而在非社会性支出策略互动回归结果中,只有在基于邻近概念、距离概念、城市等级概念所构造出来的空间权矩阵模型中,$W*$人均非社会性支出的回归系数才在1%的显著性水平上数值为正。在基于行政概念所构造出来的空间权矩阵模型中,$W*$人均非社会性支出的回归系数并不显著,且为负值。这说明,在地理相邻的城市、地理空间关联的城市和经济发展状况相似的城市之间,无论是社会性支出还是非社会性支出,均表现出了显著的竞争性。但在行政所属相同的城市之间,只有社会性支出表现出显著的竞争性,非社会性支出并没有表现出显著的竞争性。

就控制变量的回归结果而言,可以得到如下结论。

第一,第二产业产值占比与第三产业产值占比对人均财政总支出、人均社会性支出、人均非社会性支出的主要影响是一致的,其回归系数都不显著。这表明财政支出(财政总支出、社会性支出。非社会性支出)状况与产业的结构基本无关。

---

① 郭庆旺和贾俊雪在2009年发表的文章《地方政府间策略互动行为、财政支出竞争与地区经济增长》中将省级财政支出空间滞后项的影响系数为正值的这一类地方财政支出策略互动行为定义为互补性策略。而本书则将市级财政支出空间滞后项的影响系数为正值这一类地方财政支出策略互动行为定义为竞争性策略。

　　第二，财政自给率对人均财政总支出、人均社会性支出、人均非社会性支出的回归系数显著为负。这意味着财政自给率越高的地区，各种类型的人均财政支出水平越低；而财政自给率低的地区，各种类型的人均财政支出水平越高。中国财政自给率低的地区基本集中在偏远、欠发达的地区，这些地区地广人稀，在这些地区建设基础设施的成本远比财政自给率高的地区高，因此这些地区的各种类型的人均财政支出也就更高。

　　第三，实际使用外资金额占比对人均财政总支出、人均社会性支出、人均非社会性支出的影响为正。这表明增加外国直接投资能够促进各种类型人均财政支出水平的提高，而减少外国直接投资能够抑制各种类型人均财政支出水平的提高。其原因在于如果外国直接投资增加，那么这个地区的财政收入会增加，地方政府就会有更高的积极性提高本地区的公共服务水平以吸引外国直接投资，从而导致各种类型财政支出水平上升。相反，如果外国直接投资减少，那么这个地区的财政收入也会减少，当地政府的财政支出水平自然会降低。

　　第四，就业水平对人均财政总支出、人均社会性支出、人均非社会性支出的影响为正。这表明提高就业水平能够促进各种类型的财政支出水平提高，而降低就业水平会抑制各种类型的财政支出水平提高。其原因为，就业水平高通常意味着经济发展形势好，经济发展形势好意味着财政的来源比较充足，这时政府为了稳定经济发展形势自然会提高公共产品的数量和质量，财政支出水平相应地会上升。相反，就业水平低通常意味着经济低迷，而经济低迷时财政收入会减少，这时财政支出水平自然会降低。

　　第五，固定资产投资占比对人均财政总支出、人均社会性支出、人均非社会性支出的回归系数基本不显著。此结果意味着各种类型的财政支出与固定资产的投资状况相关性不大。

　　第六，生产总值增长率对人均财政总支出、人均社会性支出、人均非社会性支出的影响为正。这表明经济增长速度越快，越有利于促进各种类型的财政支出增长；经济增长速度越慢，越不利于各种类型的财政支出增长。其原因是：经济增长越快，财政收入就会越充足，政府的财政支出水平自然会上升；经济增长越慢，财政收入就会越不足，政府的财政支出水平自然会下降。

第七，除此之外，还可以看到各种类型财政支出的一阶滞后项对其相应的各种类型财政支出的影响都显著为正。这说明我国各种类型的财政支出政策都存在明显的滞后性，前期的财政支出状况与后期的支出之间具有显著的正向关系。

第四节　地方政府税收竞争存在性检验

一、变量选择

关于式（4-1）中的地方政府税收政策变量，本节用各个地区的总税负水平来表示。为了全面、深入地考察税收竞争行为，本章还对增值税、企业所得税、个人所得税这三个重要税种的竞争性进行了检验。其相应的政策变量指标分别为增值税税负、企业所得税税负、个人所得税税负。各指标具体的计算方法为：总税负等于各地区税收收入除以其地区生产总值；增值税税负、企业所得税税负、个人所得税税负分别等于各地区增值税税收收入、企业所得税税收收入、个人所得税税收收入除以其地区生产总值。

对于可能影响相关税收政策变量的经济因素 X，本章依旧考虑第二产业产值占比、第三产业产值占比、财政自给率、实际使用外资金额占比、就业水平、固定资产投资占比和生产总值增长率这几个变量。指标的处理方法也与前文一致，此处不再重复说明。

二、数据介绍

本章所分析的税收竞争的实证样本数据依然采用城市层面数据，时间跨度依旧为 2003 年至 2018 年，使用该时间段数据是理由与前文一致，在此不再赘述。关于数据来源，需要强调的是增值税、企业所得税和个人所得税的税收数据均来源于 CEIC 数据库，其余各变量数据的来源与前文一致，主要来源于《中国城市统计年鉴》《中国区域经济统计年鉴》《全国地市县财政统计资料》与 EPS 全球统计数据库。

三、地方政府税收竞争实证分析

根据本章实证模型的设定,表 4-4、表 4-5、表 4-6 和表 4-7 分别给出了地方政府总税负、增值税税负、企业所得税税负与个人所得税税负竞争行为的估计结果以及检验数值。与前文一致,表格中的第(1)列、第(2)列、第(3)列和第(4)列的计量模型所使用的空间加权系数矩阵,分别是基于邻近概念 $W1$、距离概念 $W2$、城市等级概念 $W3$ 和行政概念 $W4$ 计算出来的,并且在实证过程中同样控制了时间固定效应与地区固定效应。

表 4-4　市级政府总税负策略互动回归结果

变量	(1) 空间权重 $W1$	(2) 空间权重 $W2$	(3) 空间权重 $W3$	(4) 空间权重 $W4$
L.总税负	0.560***	0.574***	0.424***	0.569***
	(0.014)	(0.014)	(0.013)	(0.014)
$W*$总税负	0.156***	1.380***	0.334***	0.035***
	(0.013)	(0.134)	(0.038)	(0.006)
第二产业产值占比	0.009	0.002	−0.030***	0.014
	(0.009)	(0.009)	(0.009)	(0.009)
第三产业产值占比	0.020*	0.009	−0.030***	0.026**
	(0.012)	(0.012)	(0.011)	(0.012)
财政自给率	0.012***	0.012***	0.023***	0.012***
	(0.003)	(0.003)	(0.003)	(0.003)
实际使用外资金额占比	0.028*	0.024	0.034**	0.030*
	(0.016)	(0.016)	(0.017)	(0.016)
就业水平	−0.002	−0.040	−0.019	−0.016
	(0.100)	(0.101)	(0.102)	(0.102)
固定资产投资占比	0.231*	0.268**	−0.036	0.229*
	(0.130)	(0.131)	(0.123)	(0.132)
生产总值增长率	0.001	−0.001	0.013**	−0.000
	(0.005)	(0.005)	(0.005)	(0.006)
常数项	−0.411	−2.350***	2.660***	−0.581
	(0.858)	(0.893)	(0.785)	(0.879)
时间固定效应	控制	控制	控制	控制
城市固定效应	控制	控制	控制	控制
R^2	0.853	0.852	0.824	0.848
wald 值	241.820	236.773	288.476	223.705
p 值	0.000	0.000	0.000	0.000

注:第(1)列为使用邻近概念空间权矩阵的回归结果。第(2)列为使用距离概念空间权矩阵的回归结果。第(3)列为使用城市等级概念空间权矩阵的回归结果。第(4)列为使用行政概念空间权矩阵的回归结果。所有方程的因变量都为总税负。括号内为标准误,*、** 和 *** 分别表示在 10%、5% 和 1% 的显著性水平上显著。

表 4-5 市级政府增值税税负策略互动回归结果

变量	(1) 空间权重 $W1$	(2) 空间权重 $W2$	(3) 空间权重 $W3$	(4) 空间权重 $W4$
L.增值税税负	0.770***	0.761***	0.768***	0.779***
	(0.015)	(0.015)	(0.015)	(0.015)
W*增值税税负	0.150***	0.950***	0.269***	0.022***
	(0.013)	(0.081)	(0.034)	(0.003)
第二产业产值占比	0.010***	0.008***	0.012***	0.011***
	(0.002)	(0.002)	(0.002)	(0.002)
第三产业产值占比	0.014***	0.012***	0.017***	0.016***
	(0.003)	(0.003)	(0.003)	(0.003)
财政自给率	0.002***	0.002***	0.003***	0.003***
	(0.001)	(0.001)	(0.001)	(0.001)
实际使用 外资金额占比	−0.002	−0.005	−0.004	−0.005
	(0.004)	(0.004)	(0.004)	(0.004)
就业水平	−0.014	−0.041	−0.036	−0.011
	(0.025)	(0.025)	(0.025)	(0.025)
固定资产投资占比	−0.168***	−0.191***	−0.161***	−0.187***
	(0.033)	(0.033)	(0.033)	(0.033)
生产总值增长率	0.002*	0.002	0.001	0.002
	(0.001)	(0.001)	(0.001)	(0.001)
常数项	−0.786***	−0.857***	−1.050***	−0.835***
	(0.213)	(0.213)	(0.219)	(0.216)
时间固定效应	控制	控制	控制	控制
城市固定效应	控制	控制	控制	控制
R^2	0.873	0.873	0.870	0.870
wald 值	392.803	392.676	376.137	373.692
p 值	0.000	0.000	0.000	0.000

注:第(1)列为使用邻近概念空间权矩阵的回归结果。第(2)列为使用距离概念空间权矩阵的回归结果。第(3)列为使用城市等级概念空间权矩阵的回归结果。第(4)列为使用行政概念空间权矩阵的回归结果。所有方程的因变量都为增值税税负。括号内为标准误,*、**和***分别表示在10%、5%和1%的显著性水平上显著。

表 4-6　市级政府企业所得税税负策略互动回归结果

变量	(1) 空间权重 $W1$	(2) 空间权重 $W2$	(3) 空间权重 $W3$	(4) 空间权重 $W4$
L. 企业所得税税负	0.559*** (0.011)	0.560*** (0.011)	0.557*** (0.011)	0.562*** (0.011)
$W *$ 企业所得税税负	0.106*** (0.014)	1.195*** (0.139)	0.156*** (0.042)	0.010*** (0.003)
第二产业产值占比	0.004*** (0.001)	0.004*** (0.001)	0.006*** (0.001)	0.005*** (0.001)
第三产业产值占比	0.002 (0.001)	0.002 (0.001)	0.004** (0.001)	0.003** (0.001)
财政自给率	0.001*** (0.000)	0.001*** (0.000)	0.001*** (0.000)	0.001*** (0.000)
实际使用 外资金额占比	−0.004** (0.002)	−0.005** (0.002)	−0.005*** (0.002)	−0.005*** (0.002)
就业水平	−0.014 (0.012)	−0.031** (0.012)	−0.022* (0.012)	−0.023* (0.012)
固定资产投资占比	−0.021 (0.016)	−0.016 (0.016)	−0.016 (0.016)	−0.022 (0.016)
生产总值增长率	0.001 (0.001)	0.000 (0.001)	0.000 (0.001)	0.001 (0.001)
常数项	−0.089 (0.105)	−0.282*** (0.106)	−0.198* (0.108)	−0.130 (0.106)
时间固定效应	控制	控制	控制	控制
城市固定效应	控制	控制	控制	控制
R^2	0.935	0.935	0.934	0.934
wald 值	323.784	327.329	314.836	313.843
p 值	0.000	0.000	0.000	0.000

注:第(1)列为使用邻近概念空间权矩阵的回归结果。第(2)列为使用距离概念空间权矩阵的回归结果。第(3)列为使用城市等级概念空间权矩阵的回归结果。第(4)列为使用行政概念空间权矩阵的回归结果。所有方程的因变量都为企业所得税税负。括号内为标准误,*、**和***分别表示在10%、5%和1%的显著性水平上显著。

表 4-7　市级政府个人所得税税负策略互动回归结果

变量	(1) 空间权重 W1	(2) 空间权重 W2	(3) 空间权重 W3	(4) 空间权重 W4
L. 个人所得税税负	0.578***	0.568***	0.569***	0.585***
	(0.011)	(0.011)	(0.011)	(0.011)
W * 个人所得税税负	0.123***	1.685***	0.226***	0.007***
	(0.013)	(0.168)	(0.034)	(0.002)
第二产业产值占比	0.001***	0.002***	0.002***	0.002***
	(0.000)	(0.000)	(0.000)	(0.000)
第三产业产值占比	0.001*	0.001*	0.001*	0.001**
	(0.001)	(0.001)	(0.001)	(0.001)
财政自给率	0.000*	0.000**	0.000**	0.000**
	(0.000)	(0.000)	(0.000)	(0.000)
实际使用 外资金额占比	−0.002**	−0.002**	−0.003***	−0.003***
	(0.001)	(0.001)	(0.001)	(0.001)
就业水平	0.006	0.003	0.005	0.007
	(0.005)	(0.005)	(0.005)	(0.005)
固定资产投资占比	−0.013*	−0.006	−0.007	−0.012*
	(0.007)	(0.007)	(0.007)	(0.007)
生产总值增长率	−0.000	−0.000	−0.000	−0.000
	(0.000)	(0.000)	(0.000)	(0.000)
常数项	−0.053	−0.240***	−0.114**	−0.067
	(0.045)	(0.049)	(0.046)	(0.046)
时间固定效应	控制	控制	控制	控制
城市固定效应	控制	控制	控制	控制
R^2	0.929	0.929	0.928	0.927
wald 值	372.799	376.493	363.898	356.525
p 值	0.000	0.000	0.000	0.000

注：第(1)列为使用邻近概念空间权矩阵的回归结果。第(2)列为使用距离概念空间权矩阵的回归结果。第(3)列为使用城市等级概念空间权矩阵的回归结果。第(4)列为使用行政概念空间权矩阵的回归结果。所有方程的因变量都为个人所得税税负。括号内为标准误，*、**和***分别表示在10%、5%和1%的显著性水平上显著。

从表 4-4 中可以看到，W * 总税负的回归系数在基于邻近概念、距离概念、城市等级概念和行政概念构造出来的空间权矩阵模型中，在 1% 的显著性水平上都通过了检验。这表明在地理相邻的城市、地理空间关联的城市、经济发展状况相似的城市和行政所属一致的城市之间，税负行为均存在显著的竞争性。

进一步根据 $W*$ 总税负回归系数的正负可以得知,在我国市级政府的税收策略互动行为中,它们采取的主要策略为相互模仿的竞争性策略。这意味着当其他城市提高税负水平时,该城市的税负水平也会上升;而当其他城市降低税负水平时,该城市的税负水平也会降低。并且基于地理距离概念的空间权矩阵模型回归结果还说明,城市之间的税负行为跟地理距离密切相关。地理距离越近,城市之间的税负行为的影响越大;地理距离越远,城市之间的税负行为的影响越小。

接下来,我们具体分析增值税、企业所得税和个人所得税这三个重要税种,表 4-5、表 4-6、表 4-7 分别报告了相应的回归结果。根据表中显示的结果,我们可以知道,在基于邻近概念、距离概念、城市等级概念、行政概念构造的空间权矩阵模型中,$W*$ 增值税税负、$W*$ 企业所得税税负和 $W*$ 个人所得税税负的回归系数在 1% 的显著性水平上均通过了检验,且数值为正。这表明无论是增值税税负、企业所得税税负,还是个人所得税税负,其在地理相邻的城市、地理空间关联的城市、经济发展状况相似的城市和行政所属一致的城市之间均表现出了显著的竞争性。

根据控制变量的回归结果可知:

第一,第二产业产值占比与第三产业产值占比对总税负的影响不显著,但对增值税税负、企业所得税税负和个人所得税税负的影响效应为正。对总税收而言,由于其具有一定的计划性,总税收并不是由经济发展状况决定的,而是由税收任务决定的。对于增值税、企业所得税和个人所得税来说,税收基本来源于第二产业与第三产业,所以这些税种的税负与第二产业、第三产业高度相关。

第二,财政自给率对总税负、增值税税负、企业所得税税负和个人所得税税负的回归系数显著为正。财政自给率越高意味着财政收入越多,财政收入越多说明税负越重,所以财政自给率自然与总税负、增值税税负、企业所得税税负和个人所得税税负存在正向关系。

第三,实际使用外资金额占比对总税负的主要影响为正,对增值税税负的回归系数不显著,对企业所得税税负和个人所得税税负的回归系数显著为负。这表明:从总税负角度来看,外国直接投资增加能够提高总体税收收入水平;从企业所得税税负和个人所得税税负角度来看,外国直接投资并不会无故增加,其通常都与所得税的优惠政策有关,因此企业所得税税负和个人所得税税负与外国直接投资占比的关系为负向关系。

第四，就业水平对总税负、增值税税负、企业所得税税负和个人所得税税负的回归系数不显著。这表明总税负、增值税税负、企业所得税税负和个人所得税税负与就业水平的相关性不大，其原因可能在于税率是法定的，这些税负从某种角度来说是固定的。

第五，固定资产投资占比对总税负、企业所得税税负和个人所得税税负的回归系数不显著。这说明固定资产投资与总税负、企业所得税税负和个人所得税税负对增值税税负并不存在直接的联系。固定资产投资占比对增值税税负的回归系数显著为负。在中国，产品的生产和投资基本集中在经济发达的东部地区，经济欠发达的西部地区的货物或服务净流出基本全为负值，这就造成西部地区承担了大量来自东部地区的货物或服务的增值税税负，所以中国不同区域之间的增值税税负与固定资产投资就呈现出了天然的负相关关系。

第六，生产总值增长率对总税负、增值税税负、企业所得税税负和个人所得税税负的回归系数不显著。这意味着总税负、增值税税负、企业所得税税负和个人所得税税负与就业水平的相关性不大。出现这种结果可能的原因是，税收具有计划性，税收收入并不是由经济发展状况决定的，而是由税收任务决定的。

第七，从上述几个表中可以看到总税负、增值税税负、企业所得税税负和个人所得税税负的一阶滞后项对其相应的各种类型税负的回归系数都显著为正。这说明我国的税收政策存在明显的滞后性，前期的税收状况对后期的税收具有显著的正向影响。

第五节　地方政府转移支付竞争存在性检验

一、变量选择

关于式(4-1)中的地方政府转移支付政策变量，本章在此以各个地区的转移支付水平来表示。其衡量方式为地区转移支付收入除以地区生产总值。为了更深入地考察转移支付竞争行为,本章还就一般性转移支付、专项转移支付、税收返还这三种转移支付的竞争存在性进行了检验。其相应政策变量的指标分别为一般性转移支付水平、专项转移支付水平、税收水平。指标具体的计算方法为,用一般性转移支付收入、专项转移支付收入、税收返还收入分别除以其地区生产总值。

对于可能影响相关转移支付政策变量的经济因素 X,本章考虑了第二产业产值占比、第三产业产值占比、财政自给率、实际使用外资金额占比、就业水平和生产总值增长率这几个变量。[①] 指标的处理方法依旧与前文一致,此处不再重复说明。

二、数据介绍

本章分析转移支付竞争的实证样本数据依然采用城市层面的数据,时间跨度为 2003 年至 2009 年。关于数据来源,需要强调的是,各种转移支付相关的数据都来源于《全国地市县财政统计资料》,而其余各个变量的数据来源与前文一致,主要来源于《中国城市统计年鉴》《中国区域经济统计年鉴》与 EPS 全球统计数据库。

三、地方政府转移支付竞争实证分析

根据本章实证模型的设定,表 4-8、表 4-9、表 4-10 和表 4-11 分别给出了地方政府转移支付、一般性转移支付、专项转移支付与税收返还竞争行为的估计结果以及检验数值。该部分关于计量模型空间权矩阵的设定及时间固定效应与地区固定效应的选择与前文一致。

---

① 由于固定资产投资数据是从 2005 年开始统计的,而本书所用的转移支付竞争的研究数据为 2003 年至 2009 年,时间跨度比前面分析所用的财政支出数据和税收数据短,因此本书将控制变量固定资产投资删除。

表 4-8　市级政府转移支付策略互动回归结果

变量	(1)空间权重 $W1$	(2)空间权重 $W2$	(3)空间权重 $W3$	(4)空间权重 $W4$
L.转移支付	0.459 ***	0.352 ***	0.392 ***	0.553 ***
	(0.030)	(0.029)	(0.031)	(0.030)
$W*$ 转移支付	0.547 ***	0.478 ***	1.180 ***	0.075 ***
	(0.039)	(0.023)	(0.072)	(0.009)
第二产业产值占比	0.006	0.063 **	0.008	0.009
	(0.027)	(0.026)	(0.027)	(0.029)
第三产业产值占比	−0.029	0.054 *	−0.030	−0.030
	(0.034)	(0.032)	(0.033)	(0.036)
财政自给率	−0.054 ***	−0.029 ***	−0.040 ***	−0.057 ***
	(0.007)	(0.007)	(0.007)	(0.008)
实际使用外资金额占比	0.013	0.025	0.022	0.079 *
	(0.044)	(0.041)	(0.043)	(0.046)
就业水平	0.082	−0.338	−0.213	−0.245
	(0.484)	(0.449)	(0.472)	(0.505)
生产总值增长率	−0.055 ***	−0.033 **	−0.041 ***	−0.045 ***
	(0.016)	(0.015)	(0.016)	(0.017)
常数项	3.728	−0.874	2.882	6.768 **
	(2.986)	(2.790)	(2.912)	(3.134)
时间固定效应	控制	控制	控制	控制
城市固定效应	控制	控制	控制	控制
R^2	0.918	0.929	0.922	0.910
wald 值	107.065	149.638	119.966	83.664
p 值	0.000	0.000	0.000	0.000

注:第(1)列为使用邻近概念空间权矩阵的回归结果。第(2)列为使用距离概念空间权矩阵的回归结果。第(3)列为使用城市等级概念空间权矩阵的回归结果。第(4)列为使用行政概念空间权矩阵的回归结果。所有方程的因变量都为转移支付。括号内为标准误,*、** 和 *** 分别表示在10%、5%和1%的显著性水平上显著。

表 4-9　市级政府一般性转移支付策略互动回归结果

变量	(1) 空间权重 $W1$	(2) 空间权重 $W2$	(3) 空间权重 $W3$	(4) 空间权重 $W4$
L.一般性转移支付	0.350*** (0.018)	0.394*** (0.019)	0.313*** (0.018)	0.448*** (0.019)
$W*$ 一般性转移支付	0.536*** (0.029)	0.169*** (0.013)	0.995*** (0.049)	0.024*** (0.004)
第二产业产值占比	−0.006 (0.008)	−0.022*** (0.008)	−0.020*** (0.007)	−0.026*** (0.008)
第三产业产值占比	0.003 (0.009)	−0.011 (0.010)	−0.011 (0.009)	−0.014 (0.010)
财政自给率	−0.014*** (0.002)	−0.014*** (0.002)	−0.010*** (0.002)	−0.017*** (0.002)
实际使用 外资金额占比	−0.016 (0.012)	0.001 (0.013)	−0.014 (0.012)	0.016 (0.013)
就业水平	−0.323** (0.132)	−0.513*** (0.140)	−0.368*** (0.129)	−0.421*** (0.146)
生产总值增长率	0.004 (0.004)	0.010** (0.005)	0.007* (0.004)	0.010** (0.005)
常数项	2.235*** (0.846)	5.403*** (0.864)	3.385*** (0.810)	5.682*** (0.907)
时间固定效应	控制	控制	控制	控制
城市固定效应	控制	控制	控制	控制
R^2	0.979	0.977	0.980	0.975
wald 值	171.228	135.684	187.041	111.142
p 值	0.000	0.000	0.000	0.000

注：第(1)列为使用邻近概念空间权矩阵的回归结果。第(2)列为使用距离概念空间权矩阵的回归结果。第(3)列为使用城市等级概念空间权矩阵的回归结果。第(4)列为使用行政概念空间权矩阵的回归结果。所有方程的因变量都为一般性转移支付。括号内为标准误，*、**和***分别表示在10%、5%和1%的显著性水平上显著。

表 4-10　市级政府专项转移支付策略互动回归结果

变量	(1)空间权重 W1	(2)空间权重 W2	(3)空间权重 W3	(4)空间权重 W4
L. 专项转移支付	0.433 *** (0.036)	0.270 *** (0.033)	0.399 *** (0.035)	0.488 *** (0.035)
W * 专项转移支付	0.513 *** (0.048)	0.586 *** (0.026)	1.012 *** (0.078)	0.114 *** (0.012)
第二产业产值占比	−0.001 (0.025)	0.026 (0.022)	−0.031 (0.025)	0.024 (0.026)
第三产业产值占比	−0.044 (0.031)	0.001 (0.028)	−0.064 ** (0.030)	−0.016 (0.031)
财政自给率	−0.042 *** (0.007)	−0.019 *** (0.006)	−0.034 *** (0.007)	−0.042 *** (0.007)
实际使用外资金额占比	0.042 (0.041)	0.038 (0.036)	0.039 (0.040)	0.074 * (0.041)
就业水平	0.463 (0.443)	0.157 (0.390)	0.462 (0.434)	0.228 (0.444)
生产总值增长率	−0.053 *** (0.015)	−0.046 *** (0.013)	−0.045 *** (0.015)	−0.046 *** (0.015)
常数项	3.088 (2.709)	0.172 (2.392)	4.606 * (2.642)	2.073 (2.742)
时间固定效应	控制	控制	控制	控制
城市固定效应	控制	控制	控制	控制
R^2	0.760	0.813	0.769	0.758
wald 值	55.895	118.846	64.711	53.498
p 值	0.000	0.000	0.000	0.000

注：第(1)列为使用邻近概念空间权矩阵的回归结果。第(2)列为使用距离概念空间权矩阵的回归结果。第(3)列为使用城市等级概念空间权矩阵的回归结果。第(4)列为使用行政概念空间权矩阵的回归结果。所有方程的因变量都为专项转移支付。括号内为标准误，*、** 和 *** 分别表示在 10%、5% 和 1% 的显著性水平上显著。

表 4-11　市级政府税收返还策略互动回归结果

变量	(1) 空间权重 $W1$	(2) 空间权重 $W2$	(3) 空间权重 $W3$	(4) 空间权重 $W4$
L.税收返还	0.607*** (0.016)	0.621*** (0.016)	0.618*** (0.016)	0.632*** (0.016)
$W*$税收返还	0.098*** (0.014)	0.032*** (0.005)	0.096*** (0.016)	0.002*** (0.001)
第二产业产值占比	0.001 (0.002)	0.002 (0.002)	0.003* (0.002)	−0.001 (0.002)
第三产业产值占比	0.002 (0.002)	0.004* (0.002)	0.004* (0.002)	0.001 (0.002)
财政自给率	−0.001* (0.001)	−0.001 (0.001)	−0.001 (0.001)	−0.001 (0.001)
实际使用 外资金额占比	−0.002 (0.003)	−0.002 (0.003)	−0.001 (0.003)	−0.001 (0.003)
就业水平	−0.075** (0.033)	−0.039 (0.033)	−0.078** (0.034)	−0.050 (0.033)
生产总值增长率	−0.002 (0.001)	−0.002 (0.001)	−0.002 (0.001)	−0.002* (0.001)
常数项	0.425** (0.202)	0.251 (0.208)	0.257 (0.210)	0.581*** (0.204)
时间固定效应	控制	控制	控制	控制
城市固定效应	控制	控制	控制	控制
R^2	0.960	0.960	0.960	0.959
wald 值	215.758	214.201	212.037	204.115
p 值	0.000	0.000	0.000	0.000

注:第(1)列为使用邻近概念空间权矩阵的回归结果。第(2)列为使用距离概念空间权矩阵的回归结果。第(3)列为使用城市等级概念空间权矩阵的回归结果。第(4)列为使用行政概念空间权矩阵的回归结果。所有方程的因变量都为税收返还。括号内为标准误,*、** 和 *** 分别表示在10%、5%和1%的显著性水平上显著。

根据表 4-8 所显示的结果,我们可以看到,$W*$转移支付的回归系数在基于邻近概念、距离概念、城市等级概念和行政概念构造出来的空间权矩阵模型中,都在 1% 的显著性水平上通过了检验。这表明,地理相邻的城市、地理空间关联的城市、经济发展状况相似的城市、行政所属一致的城市之间的转移支付行为均存在显著的竞争性。

进一步根据 $W*$ 转移支付回归系数的正负可以得知，在市级政府的转移支付策略互动行为中，他们采取的主要策略为相互模仿的竞争性策略。基于地理距离概念的空间权矩阵模型回归结果还可以说明，城市之间的转移支付行为跟地理距离密切相关。地理距离越近，城市之间的转移支付行为影响越大；地理距离越远，城市之间的转移支付行为影响越小。

接下来，我们具体分析一般性转移支付收入、专项转移支付收入、税收返还收入，表 4-9、表 4-10、表 4-11 分别报告了相应的回归结果。根据表中显示的结果，我们可以知道，在基于邻近概念、距离概念、城市等级概念、行政概念构造出来的空间权矩阵模型中，$W*$ 一般性转移支付、$W*$ 专项转移支付和 $W*$ 税收返还的回归系数在 1% 的显著性水平上均通过了检验，且数值为正。这说明一般性转移支付收入、专项转移支付收入和税收返还收入在地理相邻的城市、地理空间关联的城市、经济发展状况相似的城市和行政所属一致的城市之间均表现出了显著的竞争性。

根据控制变量的回归结果，我们可以知道：

第一，第二产业产值占比与第三产业产值占比对转移支付、专项转移支付和税收返还的回归系数不显著，第二产业产值占比对一般性转移支付的影响显著为负。其原因可能为，上级政府在考虑向下级政府转移支付时，产业结构没有成为转移支付的主要依据，只有在进行一般性转移支付时，中央政府才会考虑地方的第二产业结构。

第二，财政自给率对转移支付和一般性转移支付的回归系数显著为负，对专项转移支付和税收返还的回归系数不显著。显然，财政自给率越高意味着财政收入越多，地方政府需要的中央转移支付就更少，所以财政自给率自然与转移支付和一般性转移支付呈负向关系。就专项转移支付和税收返还来说，中央政府在进行这两项转移支付时，财政自给率不是其考虑的因素，因此也就不相关。

第三，实际使用外资金额占比对转移支付、一般性转移支付、专项转移支付和税收返还的回归系数不显著。这表明，中央政府的所有转移支付行为都与外资利用情况无关，原因也很明显，中央政府在进行转移支付时，外资利用情况并不是其考虑的因素。

第四，就业水平对转移支付、专项转移支付和税收返还的回归系数不显著。对一般性转移支付的影响显著为负。这表明转移支付、专项转移支付和税收返还与就业水平的相关性不大。经济越不发达地区的就业水平往往越低,而其一般性转移支付的水平却越高。

第五,生产总值增长率对转移支付、专项转移支付的回归系数显著为负,对一般性转移支付和税收返还的回归系数不显著。这意味着经济越发达,地区所获得的转移支付和专项转移支付越少,但并不会对地区一般性转移支付和税收返还获取产生影响。

第六,从前文中还可以看到转移支付、一般性转移支付、专项转移支付和税收返还的一阶滞后项对其相应的各种类型转移支付的效应都显著为正。这说明我国的税收政策存在明显的滞后性,前期的转移支付状况对后期的转移支付具有显著的正向影响。

第六节　地方政府非税收入竞争存在性检验

一、变量选择

对于式(4-1)中的地方政府非税收政策变量,我们用各个地区的非税收入水平来表示。其衡量方式为地区非税收入除以其地区生产总值。对于可能影响相关非税收入政策变量的经济因素 X,本章选择了第二产业产值占比、第三产业产值占比、财政自给率、实际使用外资金额占比、就业水平和生产总值增长率这几个变量。指标的处理方法与前文一致,此处不再重复说明。

二、数据介绍

鉴于大口径的非税收入数据获取困难,本章使用的是小口径的非税收入数据,即地区财政总收入与税收收入之差。实证样本数据依然采用城市层面数据,时间跨度为 2003 年至 2018 年。各变量数据来源与前文一致,主要来源于《中国城市统计年鉴》《中国区域经济统计年鉴》与 EPS 全球统计数据库。

三、地方政府非税收入竞争实证分析

根据本章实证模型的设定，表 4-12 给出了地方政府非税收入竞争行为的估计结果以及检验数值。与前文一致，表格中的第（1）列、第（2）列、第（3）列和第（4）列的计量模型所使用的空间加权系数矩阵分别是基于邻近概念 $W1$、距离概念 $W2$、城市等级概念 $W3$ 和行政概念 $W4$ 计算出来的，并且所有的实证过程都控制了时间固定效应与地区固定效应。

表 4-12　市级政府非税收入策略互动回归结果

变量	（1）空间权重 $W1$	（2）空间权重 $W2$	（3）空间权重 $W3$	（4）空间权重 $W4$
L.非税收入	0.134*** (0.008)	0.384*** (0.013)	0.155*** (0.008)	0.302*** (0.012)
$W*$非税收入	1.724*** (0.017)	0.492*** (0.017)	2.804*** (0.030)	0.306*** (0.007)
第二产业产值占比	−0.018*** (0.005)	−0.028*** (0.009)	−0.038*** (0.005)	−0.011 (0.008)
第三产业产值占比	0.007 (0.006)	−0.021* (0.012)	−0.026*** (0.007)	−0.013 (0.010)
财政自给率	0.056*** (0.002)	0.071*** (0.003)	0.057*** (0.002)	0.063*** (0.002)
实际使用外资金额占比	0.007 (0.009)	0.000 (0.016)	0.002 (0.009)	−0.008 (0.014)
就业水平	0.039 (0.055)	−0.027 (0.100)	0.064 (0.059)	0.039 (0.089)
固定资产投资占比	25.859*** (7.212)	19.948 (13.109)	7.019 (7.752)	20.776* (11.595)
生产总值增长率	0.000 (0.003)	0.006 (0.005)	0.002 (0.003)	0.000 (0.005)
常数项	−3.094*** (0.474)	−0.877 (0.860)	−0.654 (0.508)	−2.005*** (0.762)
时间固定效应	控制	控制	控制	控制
城市固定效应	控制	控制	控制	控制
R^2	0.915	0.720	0.902	0.781

续表

变量	(1) 空间权重 $W1$	(2) 空间权重 $W2$	(3) 空间权重 $W3$	(4) 空间权重 $W4$
wald 值	2076.525	377.298	1749.903	582.448
p 值	0.000	0.000	0.000	0.000

注:第(1)列为使用邻近概念空间权矩阵的回归结果。第(2)列为使用距离概念空间权矩阵的回归结果。第(3)列为使用城市等级概念空间权矩阵的回归结果。第(4)列为使用行政概念空间权矩阵的回归结果。所有方程的因变量都为非税收入。括号内为标准误,*、** 和 *** 分别表示在10%、5%和1%的显著性水平上显著。

根据表 4-12 所显示的结果,我们可以看到,$W*$非税收入的回归系数在基于邻近概念、距离概念、城市等级概念和行政概念构造出来的空间权矩阵模型中,在1%的显著性水平上均通过了检验。这表明在地理相邻的城市、地理空间关联的城市、经济发展状况相似的城市和行政所属一致的城市之间,非税收入行为均存在显著的竞争性。进一步根据 $W*$非税收入回归系数的正负,可知在我国市级政府的非税收入策略互动行为中,采取的主要策略为相互模仿的竞争性策略。基于地理距离概念的空间权矩阵模型回归结果还说明,城市之间的非税收入行为跟地理距离密切相关。地理距离越近,城市之间的非税收入行为影响越大;地理距离越远,城市之间的非税收入行为影响越小。

根据控制变量的回归结果,我们可以知道:第一,第二产业产值占比与第三产业产值占比对非税收入的回归系数为负。这说明,当产业增加值上升时,地方的非税收入会降低;而当产业增加值下降时,地方的非税收入会增加。第二,财政自给率对非税收入的回归系数显著为正。财政自给率越高意味着财政收入越多。第三,实际使用外资金额占比和就业水平对非税收入的回归系数不显著。这表明,地方政府的非税收入与外资利用情况和就业情况无关。第四,生产总值增长率对非税收入的回归系数也不显著。这意味着经济增长状况不是影响非税收入的主要因素。

本章首先从财政体制、政治体制及现实状况这几个方面介绍了中国地方政府财政竞争形成的原理。随后结合 2003 年至 2018 年间中国 285 个城市的财政数据,利用空间面板计量模型,对我国市级地方政府财政竞争行为存在性进行了检验,结果发现:第一,在地理相邻的城市、地理空间关联的城市、经济发展状况相似的城市和行政所属一致的城市之间,财政支出行为均存在显著的竞争性。第二,在地理相邻的城市、地理空间关联的城市、经济发展状况相似的城市和行政所属一致的城市之间,社会性支出和非社会性支出均表现出显著的竞争性。但在行政所属一致的城市之间,只有社会性支出表现出显著的竞争性,非社会性支出并没有表现出显著的竞争性。第三,在地理相邻的城市、地理空间关联的城市、经济发展状况相似的城市和行政所属一致的城市之间,总税负、增值税税负、企业所得税税负、个人所得税税负均表现出显著的竞争性。第四,在地理相邻的城市、地理空间关联的城市、经济发展状况相似的城市和行政所属一致的城市之间,转移支付、一般性转移支付、专项转移支付和税收返还均表现出显著的竞争性。第五,非税收入在地理相邻的城市、地理空间关联的城市、经济发展状况相似的城市和行政所属一致的城市之间也表现出显著的竞争性。

第五章　地方政府财政支出竞争、要素流动与区域创新

第一节　引　言

　　创新是经济持续增长的根本动力,是构建现代化经济体系的重要保证。提升区域创新能力,使经济发展模式由要素拉动的粗放型向创新驱动的集约型转变,是当前中国经济发展的必然选择。然而,由于创新活动具有高投入、高风险、长周期等特征,单纯依靠市场机制难以解决创新中的外部性问题,也无法有效提升区域创新水平(Nelson,1959;Arrow,1962;李政和杨思盈,2018)。为解决这一问题,2012年颁布的《中共中央 国务院关于深化科技体制改革加快国家创新体系建设的意见》中强调:"完善区域创新发展机制。充分发挥地方在区域创新中的主导作用。"显然,地方政府作为区域创新体系建设的重要参与者,在弥补市场机制固有缺陷、提升区域创新水平、促进区域创新发展的进程中起着关键作用(Lee,2011;Băzăvan,2019;Zhou et al.,2020)。已有研究表明,财政支出竞争作为地方政府争夺要素的重要手段,能够影响区域的要素配置,进而改变区域的创新格局(余泳泽和张先轸,2015;卞元超等,2020)。那么,当前的地方政府财政支出竞争行为对区域创新到底产生了怎样的影响?是否促进了区域创新水平的提升?本章将基于创新发展的需要,考察财政支出竞争对区域创新水平的影响。

　　要素的合理流动与高效集聚是中国实现区域创新发展的基础。根据地方政府竞争理论,当各个地区的财政支出水平存在差异时,在地方政府行为不存在外部性且要素可以在各个地区自由流动的情况下,居民

会根据个人偏好选择迁移到那些令自己满意的地方，资本也会流入收益更高的地区。为了避免辖区内纳税居民的流失与资本的转移，地方政府会选择增加财政支出，提高公共服务供给水平与质量（Tiebous，1956；Oates，1972）。因此，当一些地方政府增加财政支出并提高公共服务的供给水平时，势必会对劳动力与资本等要素的流动产生影响，在边际效应的作用下，劳动力与资本可能会流入对自身更有利的地区。而劳动力与资本作为影响创新的重要因素，在区域之间流动势必会对区域之间的创新环境及创新水平产生重大的影响（白俊红等，2017；王钺，2021）。所以，地方政府为了激励创新而展开的财政支出竞争行为必然会通过要素流动作用于区域创新。

从现有文献来看，目前学者对于地方政府财政支出竞争的研究主要集中在经济增长方面，但并未形成统一的结论。Justman（2005）研究发现，地方政府财政支出竞争能够通过要素流动显著地促进经济增长，并且越是发达的地方，地方政府财政支出竞争对经济增长的促进效应越明显（张铭洪等，2015）。当然，也有一些学者持不同观点。郭庆旺和贾俊雪（2009）研究发现，整体的财政支出竞争并不利于经济增长，特别是财政支出竞争中的维持性支出竞争对经济增长的抑制作用非常显著。邓明（2013）利用1985—2009年中国省级面板数据进行研究发现，地方政府财政支出竞争对经济增长存在显著的非线性效应：当财政支出竞争程度较低时，支出竞争将有利于经济增长；但是当财政支出竞争程度较高时，支出竞争将会抑制经济增长。关于地方政府财政支出竞争与区域创新之间关系的研究，也有一些学者进行过探讨，但主要集中在财政分权层面。例如，吴延兵（2017）通过对改革开放以来省级面板数据的研究发现，在中国财政分权的体制下，地方政府财政竞争会导致的"重生产，轻创新"现象不利于政府与企业的创新投资。肖叶（2019）研究发现，财政分权体制下的地方政府财政支出竞争加剧了地方政府之间"为创新而竞争"的现象，从而促进了区域创新效率的提升。

虽然已有文献注意到地方政府财政支出竞争对区域创新的影响，但从研究的视角和内容来看，依然不够充分，这为本章的研究提供了理论依据与探索空间。当前大多数研究忽视了地方政府财政支出竞争所导致的要素流动及其对区域创新所产生的影响。要素在区域之间的流动不仅能够促进新知识的创造,还有利于加快知识在不同群体之间的传播。地方政府进行财政竞争的根本目的在于争夺稀缺的要素,以促进自身的经济发展。因此,在考察地方政府财政支出竞争对区域创新的影响时,要素流动是不可忽视的因素,特别是近年来随着中国区域经济内循环发展战略的实施,如何畅通要素流动已成为当前区域创新发展的关键。

基于此,本章将从要素流动的视角,对地方政府财政支出竞争与区域创新的关系展开深入的研究。具体来说,本章将建立地方政府财政支出竞争与区域创新的理论分析框架,从要素流动的视角深刻揭示地方政府财政支出竞争对区域创新的影响机理,并在理论分析的基础上,运用2003—2018年中国285个城市的数据进行实证检验。

第二节　影响机理分析

财政支出竞争是指各个地方政府(或国家)为了吸引稀缺的生产要素以促进自身的经济发展,而在财政支出水平或支出结构上进行的一系列互相博弈的行为。财政支出竞争有一个重要的前提,即地方政府(或国家)具有一定的财政支出自主权。就中国的现实情况来看,财政分权体制使地方政府具备相互竞争的能力。

一、地方政府财政支出竞争与要素流动

在财政分权的背景下,由于"政治锦标赛"的激励(周黎安,2007),地方政府为争夺稀缺的要素必然会展开竞争。关于地方政府财政支出竞争影响要素流动的基本机制,最早可以追溯到"用脚投票"理论。该理论认为,地方政府公共服务支出水平和税负的差异会导致自由流动的居民"用脚投票",即迁移到令自己满意的地区。而居民作为理性的"经济人",在趋优机制的作用下,会选择公共服务供给水平较高、税负较低的地区。地区之间的财政竞争行为除了会影响居民的迁移,还会影响资本的流动。1972年,奥茨将"用脚投票"理论拓展到资本要素流动领域,认为低水平的税率与高水平的公共服务供给也可以吸引更多的资本流入(Oates,1972)。本章将从劳动力流动与资本流动的视角出发,阐述地方

政府财政支出竞争对要素流动的影响。

早期的经济学理论认为，地区间的工资差异是影响劳动力流动的唯一决定因素。劳动者在"理性经济人"的约束下，从工资水平较低的地区迁移到工资水平较高的地区，以期获得更高的收入。不过，随着经济学的不断发展，人们逐渐发现，除了工资水平差异，地区公共服务的供给差异也是影响劳动力区际流动的重要因素之一（Wildasin，2010；何炜，2020）。个人获取更高收入的目的在于消费更高水平的私人产品或服务，以满足自身的消费需求。由经济学的基本知识可知，个人的消费需求不仅包括私人产品与服务，也包括众多的公共产品与服务。但由于市场失灵的存在，私人市场对于如教育、医疗、社会保障等公共产品与服务的供给是无效的，因此，对于公共产品与服务的供给，需要依靠政府。当一些地方政府增加财政支出，提高公共产品与服务的供给水平时，在"理性经济人"假设的约束下，个人为了尽可能多地消费公共产品与服务，提升自身的效用水平，就会从其他地区流向这些地区。现有研究也表明，工人在寻找工作时，不仅会考虑这个地区的工资水平，而且会优先考虑福利水平、基础教育水平、私人养老金水平与卫生医疗保健水平等，这些因素都会对要素的流动产生重要的影响（Mitchell & Olivia；1982；夏怡然和陆铭，2015）。

除了影响劳动力流动，地方政府公共服务的供给水平也会影响资本的区际流动（Oates，2001）。与个人需要消费公共产品和服务类似，企业也需要消费公共产品和服务，例如交通基础设施、公共教育、司法和警察等。这些公共产品和服务对于解决市场的外部性问题、降低企业的生产和经营成本来说至关重要。根据基本的经济理论，地区之间的资本配置情况取决于地区之间的资本报酬率。当某些地区的生产和经营成本下降时，资本的报酬率自然会提高，这时资本自然会从其他区域流入这些地区；相反，当某些地区的生产和经营成本上升时，资本的报酬率自然会下降，此时资本会从这些地区流出（Lintner & Stigler，1964；Webber，1987）。因此，当一些地方政府增加财政支出，提高公共产品或服务的供给水平时，资本在利益的驱动下也会从公共服务水平较低的地区流向公共服务水平较高的地区，以获得更高的回报。

虽然公共服务的供给水平会对劳动力和资本的流动产生影响，但是在现实中,由于不同劳动力群体的整体特征和不同资本偏好存在差异,公共服务对不同类型的劳动力和资本的影响也会不同。就不同类型劳动力来说,Lahr(2009)和 Peck(2010)研究发现:相比低技能劳动力,技术型劳动力对公共服务的供给水平更敏感;城市的公共服务水平越高,越能吸引技术型劳动力流入。Diamond(2016)对产生这种差异的原因进行了探讨,结果发现:公共服务水平越高的地区,其物价水平与房价也相对越高;对于技术型劳动力来说,由于具有较高的生产效率,能够获得较高的工资,承担得起较高的物价与房价,因此他们会更偏好公共服务水平较高的地区。对于低技能劳动力来说,较高的物价与房价水平降低了低技能劳动力的实际工资,导致他们对公共服务的供给水平并不敏感。王有兴和杨晓妹(2018)利用中国家庭追踪调查数据研究发现,地区的公共服务供给水平对劳动力的流向有着重要的影响,除了经济收益,劳动者也偏好基础教育与医疗卫生服务水平较高的城市,且技术水平越高的劳动者的这一偏好越强。就不同类型资本来说,风险资本是一种追求高风险、高收益的资本,其主要目的是为融资企业增加价值,并使投资机构能以可观的利润出售投资份额(覃成林和江嘉琳,2021)。所以,风险资本的获益情况并不是由企业的生产经营状况决定的,而是由未来企业增加的价值决定的。与风险资本不同,普通资本所愿意承担的风险相对较小,追求的是稳定的利润收益。普通资本的获益情况通常由企业的生产经营状况决定。根据前文的分析,公共服务主要影响的是企业的生产经营成本。因此,相对于风险资本来说,普通资本对地区公共服务的供给水平会更敏感。

二、要素流动与区域创新

近年来,随着科技的不断发展,学界对于要素流动与区域创新问题的思考也越来越深入。已有研究表明,不同区域不同要素的高效整合对提升区域创新水平来说至关重要(Wuyts & Dutta,2014)。因此,本章将对不同类型的要素流动(普通劳动力流动、技术型劳动力流动、普通资本流动与风险资本流动)进行详细分析,以期能够更全面地揭示要素流动对创新的影响。

对于普通劳动力来说,其区际的合理流动与高效集聚所带来的规模效应和资源配置效应对区域创新有着重要的作用影响。从规模效应来看，劳动力的流动至少可以从以下几个方面影响创新：第一，可以通过影响劳动力的供给数量来影响创新。任何创新活动都离不开劳动力的投入，当众多劳动力流入同一个地区时，会扩大这个地区的研发主体规模，降低研发主体的研发成本，从而激励研发主体进行研发活动，提升创新水平。第二，可以通过提升市场的需求水平作用于创新。现有的创新理论表明，市场的需求水平对企业的创新活动有着重要的影响，市场的需求越旺盛，产品的竞争就会越激烈，企业的创新活动也就越高涨（傅家骥，1998）。因此，当某个地区的劳动力数量流入增加时，这个地区的市场需求水平会上升，产品竞争的激烈程度也会上升，企业的创新活力自然而然会提高。第三，可以通过增强地区文化的多样性来影响创新。由于不同地区的劳动力具有不同的文化背景，所拥有的认知能力及对问题的看法、解决途径各不相同。当他们自由流动到同一地方工作时，各自携带的不同技能、思想就会通过互补机制促进区域的创新与经济增长（Ottaviano & Peri，2006）。从优化资源配置的角度来看，在市场机制条件下，普通劳动力的区域流动也是一种帕累托改进的过程，能够不断优化各个地区的劳动力配置状况。比如，普通劳动力的区域流动可以更好地强化各地区的劳动分工，提高区域劳动力的集聚效率，从而提升区域的创新效应。因此，普通劳动力在流动过程中能够进一步优化劳动力的区域配置效率，提升区域创新水平。

对于技术型劳动力来说，其区际的流动除了可以通过规模效应和资源配置效应作用于区域创新外，还可以通过集聚所产生的空间知识溢出效应作用于区域创新（Krugman，1991；白俊红等，2017）。技术型劳动力作为知识信息的主要载体，在区域之间的流动势必会引起知识、信息、技术等要素的交流和传播，促进区域之间的相互学习，从而带来知识溢出（Almeida & Kogut，1999）。知识的流动与知识的溢出是创新产生的根本前提。首先，创新活动是一种知识密集型生产活动，个人的知识储备难以完成整个过程，这就需要不同个体之间展开交流合作，共同完成整个创新过程。其次，技术型人才的流动能够促进不同创新主体之间的深入接触，这有利于不同创新主体进行相互学习与模仿，从而提高个体的创新能力。因此，当技术型劳动力在市场机制下自由流动时，其所带来的空间溢出效应可以显著地促进区域创新。

　　普通资本的区际流动可以从以下方面影响区域创新：第一，通过影响区域内企业的资本积累进而作用于区域创新。Aghion 和 Howitt (1992)研究发现，资本积累与研发创新具有动态互补性：若没有创新，收益递减会扼杀净投资；而若没有净投资，则资本成本上升将扼杀创新。所以，当资本在不同的区域之间流动时，不同区域的企业所能获得的净投资会发生变化，其创新水平也会受到影响。第二，通过影响区域内企业的融资约束进而作用于区域创新。融资约束表示的是企业的融资难易程度，某一地区的融资约束较弱说明这一地区的企业更容易获得充足的资金支持。充足的资金支持一方面可以激励企业更新设备、建设平台、营造更好的生产环境，这些都有利于创新的产生。另一方面还可以提升企业的冒险意愿。就企业的创新活动来说，其本质就是一种冒险行为，当企业具有充足的资金支持时，为了保持自身在市场中的竞争力，就会更偏好创新。因此，当某个地区通过资本的流入获得充足的资金支持时，这个地区内企业的创新水平自然会提升。

　　对于风险资本来说，其区际流动除了可以通过资本积累和融资约束等途径影响区域创新外，还可以通过作用于创新活动的资本投入来影响区域创新。风险资本又可称作创新创业资本，其本身就是为缓解初创企业的融资问题或企业创新过程中的资金支持问题而产生的。风险资本追求的是在企业价值提升后，能够通过所持份额赚取超额的收益。所以，风险资本关心的是企业的价值增长。而企业价值快速增长的关键又在于企业的创新能力与创新绩效。因此，风险资本出于自身的投资收益考虑，会特别重视被投资企业的研发决策以及创新能力的提升（陈思，2017）。

　　通过上述分析可知地方政府之间的财政支出竞争行为会引起各种流动性要素跨区域流动，要素的跨区域流动会改变各个地区的资源配置状况，从而影响区域创新的发展。显然，在地方政府财政竞争影响区域创新的过程中，要素流动发挥了重要的作用。基于此，本章提出如下学术观点：地方政府财政支出竞争行为引发的要素流动会影响区域创新。

第三节 研究设计与变量选择

一、核心变量的测度

(一)创新水平的测度

根据现有研究,可知关于创新的衡量主要是从以下两个方面进行的。一是创新的投入方面,即用 R&D 经费投入代表科技创新的投入(朱平芳和徐伟民,2003;Duguet,2012;Lokshin & Mohnen,2013);二是创新的产出方面,即用专利产出水平代表科技创新水平(卞元超和白俊红,2017;叶德珠等,2020)。由于 R&D 经费投入不一定能带来产出,因此无法衡量真实的创新效率(冯海波和刘胜,2017)。鉴于此,本章将选取创新的产出指标——专利申请数量来衡量创新。本章通过国家知识产权局的专利检索数据库获取数据,根据专利的邮政编码信息来识别专利所在的城市。基于此种方法与本章的实证需要,本章采用城市的专利申请总量、发明专利申请数量与专利授权总量这几个指标来衡量城市的专利数量。考虑到人口因素的影响,本章使用每万人专利申请总量来衡量一个城市的整体创新水平,用每万人发明专利申请数量、每万人专利授权总量来进行稳健性检验。

(二)地方政府财政支出竞争的测度

关于地方政府财政支出竞争的测度,已有文献大多使用地区人均财政支出水平,或地区人均财政支出水平与全国人均财政支出平均水平的比值来测度,即从绝对水平的角度或比值的角度来衡量(傅勇和张晏,2007;才国伟和钱金保,2011)。而本章从相对角度出发,用城市人均财政支出水平与全国人均财政支出平均水平的离差来表示地方政府财政支出竞争程度,指标的值越大说明该地方政府参与财政支出竞争的程度越高,指标的值越小说明该地方政府参与财政支出竞争的程度越低。

(三)要素流动的测度

在本章的研究中,要素流动包含劳动力流动与资本流动两类。但是为了更深刻地研究劳动力流动与资本流动对区域创新的影响,本章又对每一种要素进行了细分。按照技术水平的高低,劳动力可以区分为技术型劳动力和普通劳动力。因此,我们将劳动力流动分为技术型劳动力流动与普通劳动力流动。按照资本对风险偏好程度的差异,资本可以分为风险资本和普通资本。相应地,资本流动可分为风险资本流动与普通资本流动。

关于技术型劳动力与普通劳动力的流动,本章将城市技术型劳动力和城市普通劳动力的净流入作为代理变量。对于城市技术型劳动力净流入的测度,参照董理和张启春(2014)的研究,用城市当期技术型劳动力总数与前一期技术型劳动力总数之差减去技术型劳动力与人口自然增长率的乘积来衡量。由于当前的统计资料缺乏对各个地区每一年技术型劳动力数据的统计,因此并不能直接得出每个地区每一年的技术型劳动力数量。但是,由中国各行业就业人员受教育程度特征可知,金融业、教育业等六个行业大专及以上受教育程度的就业人员占比超过了 50%。[①] 借鉴张平和张鹏鹏(2016)的研究思想,用这六个行业的就业人员数量来表示技术型劳动力数量。对于城市普通劳动力净流入的测度,参照技术型劳动力净流入的测度方法,用城市当期年末普通劳动力总数与前一期年末普通劳动力总数之差减去普通劳动力与人口自然增长率的乘积来衡量。该地区普通劳动力总数用城市总就业人数减去技术型就业总人数之差来表示。

关于风险资本流动与普通资本流动,本章分别用城市私募股权(VCPE)资本投资和固定资产投资作为代理变量,其中 VCPE 资本投资数据来源于北京大学企业大数据研究中心编制的中国区域创新创业指数。固定资产投资数据来源于《中国城市统计年鉴》中每个城市的全社会固定资产投资。

[①]　这六个行业分别是信息传输、计算机服务和软件业,金融业,科研、技术服务和地质勘查业,教育业;卫生、社会保险和社会福利业,公共管理和社会组织。

二、样本选择

现有关于创新的研究大多集中在省际或企业层面，从城市维度对创新进行研究的则相对较少。首先，从省级层面来看，使用省级数据进行研究会面临样本偏少的问题，不能精准捕捉政府规模变化对创新的影响。其次，从企业层面来看，目前能够得到的通常是上市公司的数据，而上市公司的数据都是由其注册地来核算的。但上市公司所控股的大量子公司可能不在它们的注册地，而是分布在不同的地方。很显然，使用省际和企业层面的数据来研究地方政府财政支出竞争对区域创新的影响存在一定的局限性。将城市作为研究对象，一方面可以避免以各省份为研究对象所带来的样本量偏小问题，另一方面也能克服以上市公司为研究对象所带来的数据核算偏误问题。因此，本章借鉴 Sedgley 和 Elmslie(2011) 的研究，以城市为研究对象来检验财政支出竞争与区域创新的关系。囿于数据的可得性，本章将样本的起始年份设定为 2003 年，同时考虑到从专利申请到专利授权需要 1—2 年的时间，故将样本的截止年份设定为 2018 年。

三、研究设计

依据前文的理论分析，本章的首要任务是检验地方政府财政支出竞争对区域创新会产生何种影响。具体来说，我们构建如下模型进行检验：

$$\text{Innovation}_{i,t} = \beta_0 + \beta_1 \text{Expenditure}_{i,t} + \sum^{j} \beta_j \text{Control}_{i,t} + \delta_i + \mu_t + \varepsilon_{i,t}$$

$$(5\text{-}1)$$

其中，i 表示城市，t 表示年份，Innovation 为城市创新的代理变量，Expenditure 为财政支出竞争的代理变量，Control 为影响城市创新能力的其他因素；δ 和 μ 分别代表地区固定效应和时间固定效应，通过控制地区固定效应和时间固定效应，可以有效地避免一些因地区本身的差异和时间趋势而对模型估计造成的影响。

控制变量包括：第一，产业结构。李伟庆和聂献忠(2015)认为，产业结构对创新有着重要的影响，并且从微观、中观和宏观三个层面系统地阐述了产业升级对创新的作用机制。本章用地级市的第二产业产值与地区生产总值的比值和第三产业产值与地区生产总值的比值来衡量产业结构。第二，融资约束。创新作为一种风险活动，离不开资本的支持。已有研究表明，企业的创新活动会受到融资约束的影响（鞠晓生等，2013）。本章用地级市的年末金融机构各项贷款余额与地区生产总值的比值来代表融资约束。第三，对外开放水平。在经济全球化的背景下，对外开放是政府发展经济的重要手段。已有研究表明，对外开放所带来的溢出效应对本地的创新有着重要影响（景维民和张璐，2014）。本章用各个地级市的外商直接投资与地区生产总值的比值来代表对外开放水平。第四，失业率。劳动力作为一种基本的生产要素，对技术进步有着重要的影响（Feldmann，2006）。本章用地级市年末城镇登记失业人员数与总就业人数的比值来衡量失业水平。第五，普通高等学校数量。张萃（2019）的研究表明，普通高等学校数量对创新具有显著的正向影响。本章在实证模型中对普通高等学校数量进行了对数处理。第六，规模以上工业企业数。企业数量在一定程度上体现了市场竞争的程度，而企业的竞争程度对创新有着重要的影响（Arrow，1962）。因此，本章将规模以上工业企业的数量作为控制变量引入模型，在实证模型中进行了对数处理。第七，经济发展水平。经济发展水平与创新存在密切的联系，为了排除经济发展水平的影响，本章将经济发展水平作为控制变量引入模型，其衡量指标为城市人均生产总值增长率。

　　本章所使用是各个变量的数据主要来源于《中国城市统计年鉴》《中国区域经济统计年鉴》与 EPS 全球统计数据库。其中，城市专利数据来自国家知识产权局的专利检索数据库，固定资产投资数据来自 CEIC 数据库，VCPE 资本投资数据来自北京大学的中国区域创新创业指数。鉴于个别城市的数据缺失严重，本章最终选取 285 个城市作为样本进行研究。各变量的描述性统计分析结果如表 5-1 所示。

表 5-1　变量的描述性统计

变量名称	样本数	平均数	方差	最小值	最大值
每万人专利申请数/件	4556	8.095	21.542	0.015	371.538
每万人发明专利申请数/件	4556	2.751	8.284	0.000	136.735
每万人专利授权数/件	4555	6.118	16.637	0.011	307.119
财政支出竞争	4556	0.017	0.535	−0.723	9.932
第二产业产值占比/%	4553	48.009	10.989	14.950	90.970
第三产业产值占比/%	4553	37.875	9.158	8.580	80.980
金融机构贷款余额占比/%	4556	84.579	50.986	7.532	745.017
实际使用外资金额占比/%	4375	2.066	2.303	0.000	37.579
年末城镇登记失业率/%	4550	5.390	4.830	0.298	27.225
高等学校数量(取自然对数)	4429	1.316	1.103	0.000	4.522
规模以上工业企业数(取自然对数)	4546	6.437	1.135	2.944	9.841
城市人均生产总值增长率/%	4546	11.454	4.808	−19.380	109.000
技术型劳动力流动/万人	4264	0.403	3.868	−20.152	52.560
普通劳动力流动/万人	4248	0.808	7.128	−59.544	114.023
普通资本流动/十亿元	3705	11.293	14.411	0.217	174.406
VCPE 资本流动(指数)	4480	51.206	28.737	0.341	100.000

第四节　实证结果与分析

一、基准回归结果

根据本章的实证设计思路,表 5-2 反映了全样本条件下中国整体财政竞争对区域创新所产生的影响。第(1)列的被解释变量为当期的每万人专利申请总量。第(2)列的被解释变量为当期和未来一期每万人专利申请总量的均值(两期的平均值)。第(3)列的被解释变量为当期和未来三期每万人专利申请总量的均值(四期的平均值)。第(4)列的被解释变量为当期和未来五期每万人专利申请总量的均值(六期的平均值)。所有估计方程均加入了控制变量,此外,为排除不同地区与不同时间的固有差异对估计结果可能造成的影响,表5-2中的所有估计方程均控制了地区固定效应与时间固定效应。在这四个估计方程中,地方政府财政支出竞争对每万人专利申请总量的回归系数在1%的显著性水平上全部显著为正。这表明,人均财政支出水平越高的地区的创新水平越高,而人均财政支出水平越低的地区的创新水平越低。由此可见,地方政府财政支出竞争对区域创新产生了促进作用。

表 5-2　基准回归结果:财政支出竞争对区域创新的影响

变量	(1) 当期值	(2) 当期和未来 一期的均值	(3) 当期和未来 三期的均值	(4) 当期和未来 五期的均值
财政支出竞争	23.431*** (0.584)	24.953*** (0.577)	23.709*** (0.688)	22.839*** (0.824)
第二产业产值占比	−0.455*** (0.070)	−0.497*** (0.066)	−0.573*** (0.064)	−0.655*** (0.062)
第三产业产值占比	−0.127 (0.084)	−0.167** (0.081)	−0.159** (0.078)	−0.194*** (0.074)
金融机构 贷款余额占比	−0.007 (0.007)	−0.004 (0.006)	0.005 (0.006)	0.012** (0.006)
实际使用 外资金额占比	−1.409*** (0.105)	−1.499*** (0.100)	−1.456*** (0.099)	−1.427*** (0.092)
年末城镇 登记失业率	−0.062 (0.040)	−0.052 (0.037)	−0.039 (0.033)	−0.028 (0.032)
高等学校数量	0.643 (0.594)	0.385 (0.559)	−0.304 (0.534)	−0.006 (0.511)
规模以上 工业企业数	2.993*** (0.710)	2.670*** (0.681)	2.248*** (0.687)	2.460*** (0.650)
城市人均生产 总值增长率	0.176*** (0.045)	0.182*** (0.042)	0.128*** (0.038)	0.110*** (0.040)
常数项	16.305** (6.726)	22.342*** (6.468)	29.233*** (6.402)	33.621*** (6.221)

续表

变量	（1） 当期值	（2） 当期和未来 一期的均值	（3） 当期和未来 三期的均值	（4） 当期和未来 五期的均值
时间固定效应	控制	控制	控制	控制
城市固定效应	控制	控制	控制	控制
N	4257	4002	3468	2929
R^2	0.821	0.852	0.875	0.904
F 值	252.582	296.416	229.230	189.480
p 值	0.000	0.000	0.000	0.000

注：第（1）列的因变量为当期每万人专利申请总量。第（2）列的因变量为当期和未来一期每万人专利申请总量的均值。第（3）列的因变量为当期和未来三期每万人专利申请总量的均值。第（4）列的因变量为当期和未来五期每万人专利申请总量的均值。括号内为标准误，*、**和***分别表示在10％、5％和1％的显著性水平上显著。

从控制变量的回归结果来看，可以得出以下结论：

第一，第二产业产值占比对区域创新的回归系数在1％的显著性水平上显著为负。这说明第二产业产值与地区生产总值的比值越高越不利于创新水平的提升，结果与已有研究是一致的（李政和杨思莹，2018）。原因在于，在全球的产业链中，中国的制造业长期处于产业链的中低端，大多是利用廉价的劳动力获得利润，创新水平总体偏低。

第二，第三产业产值占比对区域创新的回归系数为负，且随着时间的推移，负向作用逐渐增强。这说明第三产业产值占比越高，越会抑制区域创新水平的提高。

第三，年末金融机构各项贷款余额占比对区域创新的回归系数随着时间阶数的增加由不显著逐渐转向显著为正。这说明年末金融机构各项贷款余额占比对区域创新的促进效应存在较强的时滞，需要经过较长的时间才会显现。其原因可能是创新结果的显现需要较长的时间。

第四，外商直接投资占比对区域创新的回归系数在1％的显著性水平上显著为负。这表明外商的投资行为抑制了区域创新水平的提升。其原因可能是外商投资通过技术依赖、市场争夺和资源攫取等手段阻碍本土企业的创新行为（石大千和杨咏文，2018）。

第五，年末城镇登记失业率对区域创新的回归系数为负但不显著。

这说明年末城镇登记失业率水平越高,越可能对区域创新产生抑制作用。

第六,普通高等学校数量对区域创新的回归系数随着时间的推移呈现出由正转负的现象,但不显著。造成这一现象的原因可能是人才流失。在中国,经济欠发达地区高等学校培养的人才最开始可能会在本地就业,但由于经济发展等各种因素的限制,这些人会慢慢地迁移到经济发达的地方。

第七,规模以上工业企业数对区域创新的回归系数在1‰的显著性水平上显著为正。这说明市场竞争越激烈,越有利于区域创新。当规模以上工业企业数量增加时,企业之间的竞争会更激烈,为了能够在众多的企业中脱颖而出,企业就需要进行创新。

第八,城市人均生产总值增长率对区域创新的回归系数在1‰的显著性水平上显著为正。这说明经济发展水平越高的地区越能促进创新。地区经济越发达,创新所需要的各种条件就越容易得到满足,因此这些地区的创新水平也会越高。

二、稳健性检验

基准回归结果已证明,地方政府财政支出竞争与区域创新之间存在正向的影响关系,即地方政府人均财政支出水平越高说明区域的创新能力越强,而地方政府人均财政支出水平越低则说明区域的创新能力越弱。接下来,为了检验本章研究内容的稳健性,主要从以下几个方面进行讨论。

第一,通过改变核心解释变量来验证基准回归结果的稳健性。为了排除解释变量的测度问题对结论造成的影响,本章根据傅勇和张晏(2007)的研究,将地方政府财政支出竞争指标的构造方式由"离差式"变换为"比值式",即用城市人均财政支出除以全国人均财政支出来衡量地方政府财政支出竞争。"比值式"的回归结果如表5-3中的第(1)列所示,可以看到,将地方政府财政支出竞争指标的构造方式由"离差式"变换为"比值式"以后,地方政府财政支出竞争对区域创新的回归系数在1‰的显著性水平上依然显著为正。

表 5-3 财政支出竞争对区域创新的影响:稳健性检验

变量	(1) 变换核心解释变量形式	(2) 前后截尾5%	(3) 2009—2018 年的样本	(4) 当期每万人发明专利申请总量	(5) 当期每万人专利授权总量
财政支出竞争	9.652***	18.567***	19.934***	9.492***	20.008***
	(0.280)	(0.901)	(0.828)	(0.239)	(0.456)
控制变量	控制	控制	控制	控制	控制
时间固定效应	控制	控制	控制	控制	控制
城市固定效应	控制	控制	控制	控制	控制
N	4258	3820	2677	4257	4257
R^2	0.472	0.737	0.888	0.796	0.816
F 值	352.790	86.902	73.760	232.540	300.216
p 值	0.000	0.000	0.000	0.000	0.000

注:第(1)列的核心解释变量为城市人均财政支出与全国人均财政支出的比值。第(2)列为样本前后截尾5%的回归结果。第(3)列为2009—2018年的样本回归结果。第(4)列的因变量为当期每万人发明专利申请总量。第(5)列的因变量为当期每万人专利授权总量。控制变量包含第二产业产值占比、第三产业产值占比、金融机构贷款余额占比、实际使用外资金额占比、年末城镇登记失业率、高等学校数量、规模以上工业企业数、城市人均生产总值增长率等。括号内为标准误,*、**和***分别表示在10%、5%和1%的显著性水平上显著。

第二,通过改变样本验证基准回归结果的稳健性。一是为了排除数据极端值的影响,本章对所使用的样本进行了前后截尾5%的处理,并在截尾后重新进行回归,结果如表5-3中的第(2)列所示。二是为了排除因财政支出数据统计口径变化对结果产生的影响,本章用2009—2018年的样本重新进行了回归分析,结果如表5-3中的第(3)列所示。可以看到,无论是前后截尾5%,还是用2009—2018年的样本进行回归,地方政府财政支出竞争对区域创新的回归系数在1%的显著性水平上依然显著为正。

第三,通过替换被解释变量进行稳健性检验。为了排除变量选择问题对结论造成的影响,本章将被解释变量依次替换为每万人发明专利申请总量与每万人专利授权总量,然后对这两个变量依次进行回归。表5-3中的第(4)列和第(5)列分别报告了具体的回归结果,可以看到,地方政府财政支出竞争无论是对每万人发明专利申请总量还是对每万人专利授权总量,其回归系数均在1%的显著性水平上显著为正。

根据以上分析,可知无论是上述哪一种检验方法,地方政府财政支出竞争对区域创新都存在显著的正向影响。因此,本章所得出的结论具有很强的稳健性。

三、内生性检验

在回归分析中,当解释变量与随机误差项之间存在相关关系时,模型就会出现内生性问题。内生性问题的产生主要有以下三个原因:第一,模型的回归中遗漏重要的解释变量;第二,关键变量的测度存在较大的误差;第三,解释变量与被解释变量存在双向因果关系。对于因遗漏重要变量而产生的内生性问题,理论上的解决方法是找到遗漏的解释变量。在实际操作过程中,由于遗漏的解释变量并不一定都能很顺利地找到,所以合适的方法是采用面板数据进行回归,通过大样本来解决这一内生性问题。在本章的所有回归中,使用的数据类型都为面板数据,样本也相对较大。因此,本章模型因为遗漏重要解释变量而产生内生性问题的概率较小。关于变量的测量误差所导致的内生性问题,本章在进行稳健性分析时,已经对关键变量的测量误差作出了分析,此处本章不再赘述。

对于因双向因果关系而产生的内生性问题,在实际操作中一般是通过寻找合适的工具变量来解决。工具变量的寻找一般有两种方式。第一,通过模型确定。在此本章运用了面板动态差分矩估计方法与动态系统矩估计方法进行分析,结果如表 5-4 中的第(1)列与第(2)列所示,可以看到,地方政府财政支出竞争对区域创新的回归系数在 1% 的显著性水平下显著为正。

表 5-4　财政支出竞争对区域创新的影响:内生性检验

变量	(1) DID-GMM	(2) SYS-GMM	(3) IV(滞后一期)	(4) IV(城市 行政区面积)
L. 每万人专利 申请总量	0.444*** (0.001)	0.449*** (0.002)		
财政支出竞争	17.334*** (0.049)	14.744*** (0.058)	23.532*** (0.591)	23.431*** (0.562)
控制变量	控制	控制	控制	控制

续表

变量	(1) DID-GMM	(2) SYS-GMM	(3) IV(滞后一期)	(4) IV(城市 行政区面积)
时间固定效应	控制	控制	控制	控制
城市固定效应	控制	控制	控制	控制
N	3685	3993	3993	4258
R^2			0.831	0.821
F 值			59.970	59.289
Sargan 值	0.000	0.000	0.000	0.000

注:第(1)列采用的是差分矩估计方法。第(2)列采用的是系统矩估计方法。第(3)列的工具变量为滞后一期的每万人专利申请总量。第(4)列的工具变量为城市行政区面积。控制变量包含第二产业产值占比、第三产业产值占比、金融机构贷款余额占比、实际使用外资金额占比、年末城镇登记失业率、高等学校数量、规模以上工业企业数、城市人均生产总值增长率等。括号内为标准误,*、**和***分别表示在10%、5%和1%的显著性水平上显著。

第二,在外部寻找特定的工具变量,本章选取了两个特定的工具变量。一是地方政府财政支出竞争的滞后项。考虑到各个地方政府的财政支出行为具有相对稳定性,因而将地方政府财政支出竞争的滞后项作为工具变量进行估计是一种合适的选择。本章将地方政府财政支出竞争的滞后一期作为工具变量,其具体的分析结果如表5-4中的第(3)列所示。二是城市行政区面积。一般来说,行政区面积越大的城市,经济越发达,城市的公共服务水平也越高,因而将城市的行政区面积作为工具变量进行估计也是一种合适的选择。本章将城市的行政区面积作为工具变量,其具体的分析结果如表5-4中的第(4)列所示。从表5-4中可以看出,无论是将解释变量的滞后一期,还是将城市的行政区面积作为工具变量进行估计,地方政府财政支出竞争对区域创新的回归系数在1%的显著性水平上依然显著为正。

可见,在考虑到各种情况可能产生的内生性问题以后,模型所得到的结论依然与基准回归结果一致。

第五节　机制检验与异质性分析

通过前文的实证研究,我们已经知道了地方政府财政支出竞争对区域创新的影响显著为正。然而,地方政府财政支出竞争对区域创新的作用并非凭空出现的,我们需要对地方政府财政支出竞争影响创新的机制做进一步的检验。此外,这种影响可能会因财政支出结构与地区经济发展水平不同而呈现出异质性特征。接下来,我们将就这些问题进行研究。

一、机制检验

通过前文的实证研究,我们已经知道,地方政府财政支出水平越高的地区的创新水平越高;地方政府财政支出水平越低的地区的创新水平越低。根据前文的理论分析,可知地方政府财政支出竞争行为会影响要素的区域流动,要素的区域流动又会影响区域创新。因此,本章将分别从劳动力流动视角和资本流动视角出发,研究地方政府财政支出竞争对区域创新的作用机制。

为了更深刻地揭示劳动力流动这一机制在地方政府财政支出竞争与区域创新之间所发挥的作用,本章将劳动力流动划分为普通劳动力流动与技术型劳动力流动。我们首先将普通劳动力流动与技术型劳动力流动分别对地方政府财政支出竞争进行回归,以此研究地方政府财政支出竞争对普通劳动力流动与技术型劳动力流动的影响。接着我们将每万人专利申请总量分别对普通劳动力流动与技术型劳动力流动进行回归,以此研究普通劳动力流动与技术型劳动力流动对区域创新的影响。如果地方政府财政支出竞争促进了普通劳动力流动与技术型劳动力流动,并且普通劳动力流动与技术型劳动力流动又促进了区域创新,则说明地方政府财政支出竞争通过劳动力的流动促进了区域创新,具体的回归结果如表5-5所示。

表 5-5　财政支出竞争影响区域创新的机制:劳动力流动视角

变量	(1) 普通 劳动力流动	(2) 技术型 劳动力流动	(3) 每万人专利 申请总量	(4) 每万人专利 申请总量
财政支出竞争	0.620 (0.615)	0.395*** (0.106)		
普通 劳动力流动			0.030* (0.016)	
技术型 劳动力流动				0.230** (0.113)
控制变量	控制	控制	控制	控制
时间固定效应	控制	控制	控制	控制
城市固定效应	控制	控制	控制	控制
N	3986	3986	3986	3986
R^2	0.033	0.296	0.294	0.764
F 值	3.930	2.211	157.460	41.044
p 值	0.000	0.019	0.000	0.000

注:第(1)列的因变量为普通劳动力流动。第(2)列的因变量为技术型劳动力流动。第(3)列的核心解释变量为普通劳动力流动。第(4)列的核心解释变量为技术型劳动力流动。控制变量包含第二产业产值占比、第三产业产值占比、金融机构贷款余额占比、实际使用外资金额占比、年末城镇登记失业率、高等学校数量、规模以上工业企业数、城市人均生产总值增长率等。括号内为标准误,*、** 和 *** 分别表示在 10%、5% 和 1% 的显著性水平上显著。

从表 5-5 第(1)列与第(2)列的回归结果可以看出,普通劳动力流动对地方政府财政支出竞争的回归系数为正但不显著;技术型劳动力流动对地方政府财政支出竞争的回归系数为正,并通过了 1% 的显著性水平检验。这与 Lozachmeur(2002)等的研究结论一致。这说明地方政府财政支出竞争对不同类型劳动力流动的影响存在差异,高水平的财政支出能够对技术型劳动力流动产生显著的促进作用,但对普通劳动力流动的促进作用并不明显。表 5-5 中的第(3)列与第(4)列回归结果表明,每万人专利申请总量对普通劳动力流动的回归系数在 10% 的显著性水平上显著为正;每万人专利申请总量对技术型劳动力流动的回归系数在 5% 的显著性水平上显著为正。这说明,无论是普通劳动力流入还是技术型劳动力流入,均能显著地促进区域创新,只不过技术型劳动力流入的促进作用更强。

同样地,为了更深刻地揭示资本流动这一机制在地方政府财政支出竞争与区域创新之间所发挥的作用,本章将资本流动分为普通资本流动与风险资本流动进行研究。研究方式依然与劳动力流动类似,首先将普通资本流动与风险资本流动分别对地方政府财政支出竞争进行回归,以此研究地方政府财政支出竞争对普通资本流动与风险资本流动的影响。然后将每万人专利申请总量分别对普通资本流动与风险资本流动进行回归,以此研究普通资本流动与风险资本流动对区域创新的影响。相关的回归结果如表5-6所示。

表5-6　财政支出竞争影响区域创新的机制:资本流动视角

变量	(1) 普通资本流动	(2) 风险资本流动	(3) 每万人专利 申请总量	(4) 每万人专利 申请总量
财政支出竞争	7.113*** (0.460)	2.253* (1.233)		
普通资本流动			0.519*** (0.030)	
风险资本流动				0.030*** (0.010)
控制变量	控 制	控 制	控 制	控 制
时间固定效应	控 制	控 制	控 制	控 制
城市固定效应	控 制	控 制	控 制	控 制
N	3485	4178	3485	4177
R^2	0.828	0.909	0.798	0.748
F 值	35.195	129.061	69.445	53.199
p 值	0.000	0.000	0.000	0.000

注:第(1)列的因变量为普通资本流动。第(2)列的因变量为风险资本流动。第(3)列的核心解释变量为普通资本流动。第(4)列的核心解释变量为风险资本流动。控制变量包含第二产业产值占比、第三产业产值占比、金融机构贷款余额占比、实际使用外资金额占比、年末城镇登记失业率、高等学校数量、规模以上工业企业数、城市人均生产总值增长率等。括号内为标准误,*、**和***分别表示在10%、5%和1%的显著性水平上显著。

表5-6中的第(1)列和第(2)列分别报告了普通资本流动与风险资本流动对地方政府财政支出竞争的回归结果。可以看到,普通资本流动

对地方政府财政支出竞争的回归系数在 1% 的显著性水平上显著为正；风险资本流动对地方政府财政支出竞争的回归系数也为正，但只通过了 10% 的显著性水平检验。这说明地方政府财政支出竞争对普通资本流动和风险资本流动都具有促进作用，但效果存在差异，相比风险资本流动，高水平的地方政府财政支出水平对普通资本流动的促进作用更明显。表 5-6 中的第（3）列与第（4）列分别报告了每万人专利申请总量对普通资本流动与风险资本流动的回归结果。从表 5-6 中可以看出，每万人专利申请总量对普通资本流动的回归系数在 1% 的显著性水平上显著为正；每万人专利申请总量对风险资本流动的回归系数在 1% 的显著性水平上也显著为正。这说明，无论是普通资本的流入还是风险资本的流入，均能显著地促进区域创新水平的提高。

二、异质性分析

（一）不同类型财政支出竞争异质性分析

因为创新活动离不开政府提供的各类公共服务，所以有必要按照财政支出结构分类来进一步考察不同类型的财政支出竞争对区域创新的影响。根据政府的职能，财政支出可以划分为社会性支出、经济性支出与维持性支出。由于城市层面的经济性支出与维持性支出数据获取困难，因此本章参考肖叶等（2019）的做法，将财政支出竞争划分为社会性支出竞争与非社会性支出竞争。其中，社会性支出包括教育支出、科技支出、社会保障与就业支出、医疗卫生与计划生育支出，而非社会性支出包括经济性支出和维持性支出。[①] 社会性支出竞争用各地方人均社会性支出与全国人均社会性支出的离差来度量；非社会性支出竞争用各地方人均非社会性支出与全国人均非社会性支出的离差来度量。通过此种分类进一步研究地方政府财政支出结构竞争差异对区域创新的影响。

表 5-7 反映了不同类型地方政府财政支出竞争对区域创新的回归结果。可以看出，无论是社会性支出竞争，还是非社会性支出竞争，它们

---

① 教育支出、科技支出、社会保障与就业支出和医疗卫生与计划生育支出的原始数据来源于 CEIC 数据库。

对每万人专利申请总量的回归系数均在1%的显著性水平上显著为正。这说明,无论是社会性支出竞争还是非社会性支出竞争,它们均能显著地提升区域创新水平。但是,从回归系数来看,社会性支出竞争的回归系数明显大于非社会性支出竞争的,这表明相对于非社会性支出竞争,社会性支出竞争对区域创新的促进作用更大。这是因为社会性支出包含了科技支出、教育支出、社会保障与就业支出和医疗卫生与计划生育支出。科技支出能够直接作用于区域的科技创新活动;而教育支出、社会保障与就业支出和医疗卫生与计划生育支出都是影响技术型劳动力流动的关键因素(何炜,2020)。这些都是创新活动的核心要素。而对于非社会性支出,它虽然也能够通过要素的流动影响区域创新,但影响的基本是物质资本类,其作用并没有社会性支出大。

表 5-7　财政支出竞争对区域创新的影响:不同类型财政支出竞争视角

变量	(1) 每万人专利申请总量	(2) 每万人专利申请总量
社会性支出竞争	119.066*** (3.356)	
非社会性支出竞争		24.164*** (0.880)
控制变量	控制	控制
时间固定效应	控制	控制
城市固定效应	控制	控制
N	2958	2958
R^2	0.881	0.863
F 值	162.060	103.070
p 值	0.000	0.000

注:第(1)列的核心解释变量为社会性支出竞争。第(2)列的核心解释变量为非社会性支出竞争。控制变量包含第二产业产值占比、第三产业产值占比、金融机构贷款余额占比、实际使用外资金额占比、年末城镇登记失业率、高等学校数量、规模以上工业企业数、城市人均生产总值增长率等。括号内为标准误,*、** 和 *** 分别表示在10%、5%和1%的显著性水平上显著。

(二)不同经济发展水平异质性分析

由于我国地域辽阔,各个城市的资源禀赋与自然环境差异较大,所以各个城市的经济发展水平存在较大差异。为了进一步考察不同经济发展水平地区的地方政府财政竞争对区域创新的影响，本章计算了样本期内每个城市的人均生产总值和全国城市人均生产总值，将人均生产总值大于全国城市人均生产总值的城市作为经济发达地区，将人均生产总值小于全国城市人均生产总值的城市作为经济欠发达地区。按照此种分类方法，依次进行回归分析。表 5-8 反映了不同经济发展水平城市政府财政支出竞争的区域创新效应。

表 5-8　财政支出竞争对区域创新的影响：不同经济发展水平视角

变量	(1) 经济发达城市 （人均生产总值＞28425 元）	(2) 经济欠发达城市 （人均生产总值≤28425 元）
财政支出竞争	22.338*** (0.839)	0.116 (0.428)
控制变量	控制	控制
时间固定效应	控制	控制
城市固定效应	控制	控制
N	2162	2095
R^2	0.829	0.704
F 值	121.913	10.678
p 值	0.000	0.000

注：第（1）列为人均生产总值高于全国平均水平的城市样本。第（2）列为人均生产总值小于等于全国平均水平的城市样本。控制变量包含第二产业产值占比、第三产业产值占比、金融机构贷款余额占比、实际使用外资金额占比、年末城镇登记失业率、高等学校数量、规模以上工业企业数、城市人均生产总值增长率等。括号内为标准误，*、** 和 *** 分别表示在 10％、5％ 和 1％ 的显著性水平上显著。

可以看到，在经济发达的城市，地方政府财政支出竞争对区域创新的回归系数在 1％ 的显著性水平上显著为正；在经济欠发达的城市，地方政府财政支出竞争对区域创新的回归系数为正但不显著。这说明在经济发达的地区，政府提高财政支出水平能够促进区域创新水平的提升；而在经济欠发达的地区，政府提高财政支出水平未必能够促进区域创新水平的提升。其原因可能为：越是经济发达的地区，政府的财政收入越多，地方政府提高财政支出并不会对私人部门的利益造成损害，这种情况下地方政府能够吸引要素流入,从而促进本地创新水平的提升;越是经济欠发达的地区,政府的财政收入越少,政府提高财政支出意味着其对私人部门的消费与投资挤出越大,这时地方政府并不能吸引要素流入以及提升创新水平。

第六节　拓展性分析

根据前文的分析,可知各地区的不同类型的财政支出竞争对区域创新的影响存在差异。不同经济发展水平的地区的地方政府财政支出竞争对区域创新的影响也存在差异。笔者认为,造成这一差异的原因可能在于不同的公共服务供给水平对要素流动的影响存在差异,不同经济发展水平的地区的政府财政支出竞争行为对要素流动的影响也存在差异。本节将对这一问题进行深入探讨。

一、不同类型财政支出竞争影响要素流动分析

现有研究表明,不同种类的公共服务会对劳动力与资本的流动产生不同的影响。例如,Keen 和 Marchand(1996)研究发现,在保持税率不变的情况下,地方政府减少经济建设类公共产品的提供并相应增加对社会服务型公共产品的供应有利于促进资本在区域之间的合理流动。夏怡然和陆铭(2015)利用中国人口抽样调查数据与地级市数据研究发现,城市的基础教育与医疗卫生等社会性公共服务对劳动力流动的影响越来越重要。基于此,笔者认为,不同类型财政支出竞争对区域创新的影响之所以存在差异,其根本原因可能在于不同类型财政支出竞争对要素流动的影响存在差异。为了检验这一逻辑,本章用社会性支出竞争与非社会性支出竞争分别对要素流动进行了回归分析。

表 5-9 反映了要素流动对社会性支出竞争与非社会性支出竞争的回归结果。首先,从回归系数的显著性来看,社会性支出竞争对技术型劳动力流动的回归系数在 1% 的显著性水平上显著,对风险资本流动的回归系数在 5% 的显著性水平上显著;而非社会性支出竞争对技术型劳动力流动的回归系数仅在 5% 的显著性水平上显著,对风险资本的

影响不显著。这说明社会性支出竞争对技术型劳动力流动和风险资本流动的促进效果比非社会性支出竞争更明显。其次,从回归系数的大小来看,社会性支出竞争对要素流动(普通劳动力流动、技术型劳动力流动、普通资本流动、风险资本流动)的回归系数比非社会性支出竞争大。这表明社会性支出竞争对要素流动的促进作用比非社会性支出竞争大。

表5-9 财政支出竞争对要素流动的影响:不同类型财政支出竞争视角

变量	(1) 普通劳动力流动	(2) 技术型劳动力流动	(3) 普通资本流动	(4) 风险资本流动	(5) 普通劳动力流动	(6) 技术型劳动力流动	(7) 普通资本流动	(8) 风险资本流动
社会性支出竞争	6.184 (3.765)	4.758*** (0.644)	43.166*** (2.639)	13.269** (6.564)				
非社会性支出竞争					0.498 (0.887)	0.370** (0.159)	7.732*** (0.596)	2.415 (1.639)
控制变量	控制	控制	控制	控制	控制	控制	控制	控制
时间固定效应	控制	控制	控制	控制	控制	控制	控制	控制
城市固定效应	控制	控制	控制	控制	控制	控制	控制	控制
N	2956	2953	2753	2891	2956	2953	2753	2891
R^2	0.057	0.328	0.861	0.699	0.056	0.316	0.856	0.699
F值	3.010	6.510	38.200	5.290	2.740	6.270	26.830	5.070
p值	0.001	0.000	0.000	0.000	0.003	0.012	0.000	0.000

注:第(1)列至第(4)列的核心解释变量为社会性支出竞争,第(5)列至第(8)列的核心解释变量为非社会性支出竞争。第(1)列、第(5)列的因变量为普通劳动力流动,第(2)列、第(6)列的因变量为技术型劳动力流动。第(3)列、第(7)列的因变量为普通资本流动,第(4)列、第(8)列的因变量为风险资本流动。控制变量包含第二产业产值占比、第三产业产值占比、实际使用外资金额占比,金融机构贷款余额占比、年末城镇登记失业率、高等学校数量、规模以上工业企业数、城市人均生产总值增长率等。括号内为标准误差。*、**和***分别表示在10%、5%和1%的显著性水平上显著。

二、不同经济发展水平下的财政支出竞争与要素流动分析

传统财政竞争理论认为,地区的公共服务供给水平越高,越能吸引要素流入。这一理论有一个基本前提,即地方政府的财政支出行为不存在外部性。在现实中,财政支出规模相对生产总值的比重如果过大,财政支出就会通过挤出效应抑制微观主体的经济活动,从而阻碍私人部门投资与私人就业(Feldmann,2006)。因此,笔者认为,不同经济发展水平的地区的财政支出竞争对区域创新的影响之所以存在差异,其根本原因在于不同经济发展水平地区的财政竞争对要素流动的影响存在差异。在经济发达的地区,由于其经济总量较大,提高财政支出水平有利于解决市场的外部性问题,促进区域之间的要素流动,进而促进区域创新;而在经济欠发达的地区,提高财政支出水平会增强政府对经济的干预,阻碍要素的流动。为了检验这一逻辑,本章就不同经济发展水平城市的财政支出竞争对要素流动进行了回归分析。

表5-10反映了要素流动对不同经济发展水平城市财政支出竞争的回归结果。可以看到,在经济发达的城市,要素流动对财政支出竞争的回归系数均为正值,且技术型劳动力流动与普通资本流动对财政支出竞争的回归系数在1%的显著性水平上显著。这说明在经济发达的地区,提高财政支出水平有利于要素流动,尤其是能显著地促进技术型劳动力流动与普通资本流动。在经济欠发达的城市,普通劳动力流动、普通资本流动和风险资本流动对财政支出竞争的回归系数为负,且普通资本流动对财政支出竞争的回归系数在1%的显著性水平上显著。虽然技术型劳动力流动对财政支出竞争的回归系数为正,但并不显著。这说明在经济欠发达的地区,提高财政支出水平并不能提高普通劳动力、普通资本和风险资本的流动性。显然,地方政府财政支出竞争只在经济发达的地区显示出优良的属性。

表5-10　财政支出竞争对要素流动的影响：不同经济发展水平视角

变量	经济发达城市(人均生产总值>28425元)				经济欠发达城市(人均生产总值≤28425元)			
	(1) 普通 劳动力流动	(2) 技术型 劳动力流动	(3) 普通 资本流动	(4) 风险 资本流动	(5) 普通 劳动力流动	(6) 技术型 劳动力流动	(7) 普通 资本流动	(8) 风险 资本流动
财政支出竞争	0.316 (0.819)	0.414*** (0.157)	4.994*** (0.631)	0.895 (1.268)	−0.725 (2.234)	0.046 (0.167)	−7.061*** (0.733)	−4.414 (5.021)
控制变量	控制	控制	控制	控制	控制	控制	控制	控制
时间固定效应	控制	控制	控制	控制	控制	控制	控制	控制
城市固定效应	控制	控制	控制	控制	控制	控制	控制	控制
N	2026	2026	1773	2082	1964	1960	1712	2095
R^2	0.125	0.305	0.832	0.647	0.133	0.080	0.847	0.323
F值	1.854	1.779	19.929	4.731	1.557	0.828	34.836	7.964
p值	0.055	0.068	0.000	0.000	0.123	0.591	0.000	0.000

注：第(1)列至第(4)列为人均生产总值高于全国平均水平的城市样本，第(5)列至第(8)列为人均生产总值小于等于全国平均水平的城市样本。第(1)列、第(5)列的因变量为普通劳动力流动。第(2)列、第(6)列的因变量为技术型劳动力流动。第(3)列、第(7)列的因变量为普通资本流动。第(4)列、第(8)列的因变量为风险资本流动。控制变量包含第二产业占比、第三产业占比、实际使用外资金额占比、金融机构贷款余额占比、城市人均生产总值增长率等。括号内为标准误。*、**和***分别表示在10%、5%和1%的显著性水平上显著。

第七节　本章小结

　　本章首先建立关于地方政府财政支出竞争与区域创新关系的理论分析框架，揭示了地方政府财政支出竞争对区域创新的影响机理。理论分析表明，地方政府财政支出竞争会影响区域劳动力的流动和资本流动，进而影响区域创新。所以地方政府财政支出竞争对区域创新的实际影响是通过要素流动作用的结果。以理论研究为基础，本章运用2003—2018年中国285个城市的数据进行实证检验，研究结果显示：第一，从整体来看，地方政府财政支出竞争对区域创新具有显著的促进作用，并且通过了稳健性检验及内生性检验。第二，地方政府财政支出竞争显著地促进了技术型劳动力流动、普通资本流动与风险资本流动，从而有效地提升了区域创新水平。地方政府财政支出竞争对普通劳动力流动的影响是不显著的。第三，不同类型财政支出竞争对区域创新的影响存在差异。相比非社会性支出竞争，社会性支出竞争对区域创新的促进作用更大。第四，不同经济发展水平的地区的地方政府财政支出竞争对区域创新的影响具有异质性。经济发达的地区的政府财政支出竞争对区域创新的影响显著为正，而经济欠发达的地区的地方政府财政支出竞争对区域创新的影响不显著。第五，从地方政府财政支出竞争类型来看，社会性支出竞争对要素流动（普通劳动力流动、技术型劳动力流动、普通资本流动与风险资本流动）的促进作用大于非社会性支出竞争。第六，从经济发展水平来看，经济发达地区的财政支出竞争对要素流动普遍具有促进作用，而经济欠发达地区的财政支出对要素流动普遍具有抑制作用（除技术型劳动力流动外）。

第六章 地方政府税收竞争、要素流动与区域创新

第一节 引　言

　　创新作为经济持续增长的根本动力,在中国经济由高速增长转向高质量发展阶段已成为各方关注的焦点。从第五章的实证分析结果可知,地方政府的财政支出竞争行为会通过影响要素流动进而作用于区域创新。然而,在政府财政竞争手段中,除了财政支出竞争,税收竞争也是地方政府吸引要素流入的关键手段之一,并且其对区域要素的配置也有着重要的影响。那么,税收竞争能否通过影响要素流动进而影响区域创新呢?本章将基于创新发展的需要,对税收的竞争环境、竞争行为进行研究。

　　关于税收与创新之间的关系,学术界进行了大量的研究。Koga(2003)以日本制造业为样本的研究发现,税收优惠政策能够促使企业增加科研支出,并且规模越大的企业增加科研支出的效果越明显。Hussinger(2003)以德国制造业公司为样本的研究发现,政府的研发补贴显著增加了企业的研发投入,提升了企业的创新水平。Aerts 和 Czarnitzki(2004)研究法兰德斯(Flanders)地区的财政补贴政策时发现,得到政府财政补贴的公司的创新能力会显著增强。Czarnitzki 等(2004)研究加拿大的税收抵免政策效应时发现,抵免政策能够有效地提升企业的创新水平。Gorg 和 Strobl(2007)使用爱尔兰制造业的公司样本进行研究的结果表明,政府对研发的补贴会挤出私人对研发的资助,并最终降低企业的创新能力。Guan 等(2015)在研究中国转型期的财政政策时

发现，政府的税收优惠会对企业的创新产生挤出效应。

国内的相关研究也非常丰富。陈红等（2019）通过沪深 A 股对 2012 年至 2014 年的服务业与制造业公司进行研究发现，政府补助对企业的创新绩效具有积极作用，并且在整个生命周期内，政府补助对成长期企业创新的促进作用要大于成熟期。白旭云等（2019）以 2011 年至 2013 年调研的 505 家高新技术企业为样本的研究发现，政府的研发补贴对企业的创新绩效与创新质量具有挤出效应，其原因在于政府的研发补贴是一种事前激励行为，这种行为会加强企业对创新补贴的寻租，阻碍企业的创新。马嘉楠和周振华（2018）利用上海张江高科技园区企业样本研究发现，财政科技补贴对企业的研发投入具有显著的正向作用，并且企业规模越大，其对创新投入的促进作用就越强。方磊和赵紫剑（2020）利用北京各区县 2014—2018 年的数据研究发现，财政补贴对区域的创新绩效存在显著的门限效应：当财政补贴水平较低时，其对创新具有正向激励作用；而当财政补贴水平较高时，其对创新具有负向抑制作用。熊维勤（2011）利用 1995—2008 年的高新技术企业面板数据研究发现，政府的税收优惠会弱化企业的科研投入，从而不利于企业创新水平的提升。李彦龙（2018）以 2003—2016 年省级高新技术企业为研究对象，发现政府的税收优惠政策能够显著地提升企业的创新效率。吴非等（2018）利用省级面板数据研究发现，地方的税负水平会对区域创新产生一定的促进作用，即税负水平越高，创新水平越高；税负水平越低，创新水平越低。余泳泽等（2017）以 1996—2014 年 191 个国家的数据为样本，研究发现税收负担与创新呈倒 U 形关系。

虽然对政府税收与创新之间关系的研究已非常丰富，但是关于地方政府税收竞争与区域创新之间关系的文献研究依然较为匮乏。当前，畅通国内要素大循环、构建各具特色的区域创新体系是中国实现高质量发展的关键。而税收竞争作为地方政府争夺稀缺要素的重要手段，对要素的区域流动有着重要的影响。因此，在高质量发展的背景下，研究地方政府税收竞争如何通过要素流动影响区域创新对探索我国特色财政体制及实现创新驱动发展都具有重要的意义。鉴于此，本章将对地方政府税收竞争与区域创新之间的关系进行研究。

第二节　影响机理分析

税收竞争是指各个地方政府(或国家)为了吸引稀缺的生产要素,促进自身经济发展,而在税收制度或税收安排上所进行的一系列互相博弈的行为(吴强,2009)。与财政支出竞争类似,税收竞争也需要地方政府(或国家)具有一定的税收自主权的前置条件。从中国的国情来看,尽管地方政府在法律层面上缺乏独立的税权,但分税制改革所形成的特定财政分权体制使得各个地方的政府在税收优惠或税收安排上具有一定的自主权力,这就让各个地方政府具备了相互竞争的能力。

关于税收竞争影响要素流动的论述最早可以追溯到斯密的《国富论》,书中提到,资本是可以自由流动的,如果一个政府对其课以重税,资本就会从这个地区流动到其他地区。1959 年,查尔斯·M.蒂布特《一个公共支出的纯理论》的发表标志着税收竞争理论的正式形成。该理论认为,地方政府的税负差异会使具有流动性的居民产生"用脚投票"行为,流动的居民在趋优机制的作用下会流向公共服务水平更高而税负水平更低的地区或国家,并且地区的税负差异越大,居民越会迁移到满足其偏好的地区。后来,Oates(1972)将资本流动也纳入蒂布特的理论之中,即政府的税负差异不仅会对居民的区域流动产生影响,也会对资本的区域流动产生影响。与居民流动类似,资本也会更偏好税负水平较低的地区。

地区税收竞争行为之所以会引发要素的区域流动,其原因在于要素本身就具有趋优的特性。就劳动力来说,居民为了追求更高的效应水平会尽可能地增加自身的实际收入,以消费更多的商品和劳务。然而,地区的财产和劳动实际税负水平对居民的实际收入有着重要的影响。当一些地区争相利用个税优惠或其他税收手段降低居民的实际税负时,这些地区居民的实际收入自然会提高,其所能达到的消费水平和效应也会相应的更高,这些地区对劳动力的吸引力就更强,迁移到这里的劳动力也会更多(陆军和杨志勇,2010)。

就资本来说,影响资本区域流动的关键是区域资本回报率,而地区的实际税负是决定区域资本回报率的基本因素（Lintner & Stigler，1964）。特别是在中国这样一个以间接税为主的国家，个人所得税占总税收的比重仅在 6% 左右，也没有所谓的财产税。就实际情况来看，可以说中国 90% 以上的税收收入都和资本有关。当某些地区争相利用财政补贴或税收优惠等手段降低企业的实际税负时，这些地区的资本回报自然会提高。这会使地区之间的相对资本回报率发生变化，改变原有的区域资本配置状况，使资本朝着资本回报率变高的地区流动。众多研究也表明：在资本税负越轻的地区，资本流入越多；而在资本税负越重的地区，资本流出也越严重（Zodrow & Mieszkowski，1986；刘穷志，2017）。

除此之外，通过降低企业实际税负吸引资本流入的行为还可能对劳动力流动产生影响。当某些地区的投资增加时，根据经济学的基本原理，可知这个地区的劳动力报酬（实际工资）将会上升，这可以提高劳动者的收入，从而吸引其他地区居民迁入。

关于要素流动影响区域创新的作用机制，本书的第五章已经作过详细的分析，本章在此只进行简单叙述。第一，要素流动可以通过劳动力的规模效应作用于区域创新。一方面，劳动力作为创新活动的投入要素，其在区域之间流动无疑会改变区域间的投入要素供给状况，影响创新活动的成本，进而影响创新产出。另一方面，作为产品的需求者，劳动力在区域之间流动时也会改变区域的市场需求，已有研究表明市场需求对区域创新有着重要的影响（傅家骥，1998）。因此，当劳动力在区域之间流动时，会通过影响市场需求进而影响区域创新。第二，要素流动可以通过技术型劳动力的溢出效应作用于区域创新。知识的流动与溢出是创新产生的重要前提，当作为知识、信息主要载体的技术型劳动力在不同区域之间流动时，势必会带来知识、信息的区域传播与交流，从而引起知识与信息的区域溢出，进而作用于区域创新（Almeida & Kogut，1999）。第三，要素流动可以通过影响企业融资约束和资本积累进而作用于区域创新。融资约束代表的是企业获得资本的难易程度，当企业获取投资的难度变得更低时，不仅可以促使企业更新设备、营造更好的生产环境、提升创新能力，还可以强化企业的冒险意识，提升企业的创新动力。资本积累影响的是企业的创新成本，企业的资本积累越雄厚，创新成本就越低。所以，当资本从其他地区流入某一地区时，该地区的企业融资和资本积累都将变得更加容易,创新能力也会上升。第四,要素流动可以通过风险资本作用于区域创新。风险资本又可称作创新创业资本,其就是为缓解初创企业融资问题或企业创新过程中的资金支持问题而产生的。当风险资本大量流入某些地区时,这些地区企业的创新水平自然会提升。第五,要素流动还可以通过资源配置效应作用于区域创新。要素的区域流动也是一种帕累托改进的过程,能够不断优化各个地区的资源配置状况,降低各个地区因资源错配而对经济生产效率产生的影响,提高区域要素的生产效率,从而提升区域创新水平。

通过上述分析可知,由于要素具有趋优的特性,当地方政府通过税收优惠、财政补贴等相关的税收竞争手段争夺稀缺的要素时,要素在趋优特性的影响下就会出现跨区域流动。要素在跨区域流动的过程中不仅可以通过规模效应、溢出效应、资源配置效应等影响区域创新的发展,还可以通过缓解区域内企业的融资约束,加快区域内企业的资本积累,进而影响区域创新的发展。因此,地方政府在进行税收竞争的过程中会通过要素流动作用于区域创新。基于此,本章提出如下学术观点:地方政府税收竞争行为会通过影响要素流动进而影响区域创新。

第三节　研究设计与变量选择

一、核心变量的测度

创新水平的测度方法与本书第五章中的一致,本章在此仍然用各个城市的专利申请数量来代表创新水平。城市专利数量的获取方式也与第五章中的相同,是通过国家知识产权局的专利检索数据库,根据专利信息中的邮政编码识别专利所在的城市来搜集的。在处理数据的时候剔除了人口因素的影响,使用城市的每万人专利申请总量来表示城市的创新水平。

关于地方政府税收竞争的测度,已有文献大多采用如下几种方法来衡量。第一,使用地区的税收负担来衡量地方政府税收竞争,衡量指标主要有两个:一是地方政府财政收入占地区生产总值的比重(沈坤荣和付文林,2006),二是地方政府税收收入占地区生产总值的比重(郭杰和李涛,2009)。第二,使用全国平均税负与地区税收负担水平的比值来衡量地方政府税收竞争,即用全国的总税收占 GDP 的比重除以地区的税收收入占地区生产总值的比重来度量(谢欣和李建军,2011)。第三,使用地区税收负担水平与全国平均税负的离差来衡量地方政府税收竞争,即用地区税收收入占地区生产总值的比重减去全国总税收占 GDP 的比重来度量(唐飞鹏,2017)。

本章主要借鉴第三种衡量方式,但有别于此的是,本章用全国平均税负与地区税收负担水平的离差来表示地方政府税收竞争,其度量的方式为全国总税收占 GDP 的比重减去地区税收收入占地区生产总值的比重。这样度量的好处是,当该指标的值越大时,说明该地方政府参与税收竞争的程度越高;而当该指标的值越小时,说明该地方政府参与税收竞争的程度越低。

要素流动的测度与本书第五章中的类似,本章所讨论的要素流动也包含劳动力流动与资本流动两类,且对每一种要素进行了区分,劳动力流动依旧区分为普通劳动力流动与技术型劳动力流动,资本流动依旧区分为普通资本流动与风险资本流动。

关于普通劳动力流动、技术型劳动力流动、普通资本流动与风险资本流动的测度,其方法与本书第五章中的一致,此处不再赘述。

二、研究设计

依据前文的理论分析,本章拟通过如下模型来研究地方政府税收竞争对区域创新会产生何种影响。

$$\text{Innovation}_{i,t} = \beta_0 + \beta_1 \text{Tax}_{i,t} + \sum^{j} \beta_j \text{Control}_{i,t} + \delta_i + \mu_t + \epsilon_{i,t}$$

$$(6\text{-}1)$$

其中,i 表示城市,t 表示年份,Innovation 为城市创新的代理变量,Tax 为税收竞争的代理变量,Control 为影响城市创新能力的其他因素,δ 和 μ 分别代表地区固定效应和时间固定效应,通过控制地区固定效应和时间固定效应,可以有效地避免一些因为地区本身的差异和时间趋势对模型估计造成的影响。

本章所选择的控制变量有：第一，产业结构。本章用地级市的第二产业产值占地区生产总值的比值和第三产业产值占地区生产总值的比值来衡量产业结构。第二，融资约束。本章用地级市的年末金融机构各项贷款余额与地区生产总值的比值来代表融资约束。第三，对外开放水平。本章用各个地级市的外商直接投资占地区生产总值的比值来代表对外开放水平。第四，失业率。本章用地级市年末城镇登记失业人员数与总就业人数的比值来衡量失业水平。第五，普通高等学校数量。实证模型中进行了对数处理。第六，规模以上工业企业数。本章将规模以上工业企业的数量作为控制变量引入模型，在实证模型中进行了对数处理。第七，公共服务水平。本章用地区人均财政支出来衡量公共服务水平。第八，经济发展水平。本章用地市级的人均生产总值的增长率来衡量经济发展水平。

三、数据来源

与第五章中所使用的数据类似，本章各个变量的数据也主要来源于《中国城市统计年鉴》《中国区域经济统计年鉴》与 EPS 全球统计数据库。其中，城市专利数来自国家知识产权局的专利检索数据库，各类税收收入数据及固定资产投资数据来自 CEIC 数据库，风险资本流动数据来自北京大学的中国区域创新创业指数中的 VCPE 资本投资指标。鉴于个别城市的数据缺失严重，本章最终选取了 285 个城市作为样本进行研究。考虑到数据的可得性问题，本章研究的样本期起始年份为 2005年，截止年份为 2018 年。

第四节　实证结果与分析

一、基本回归结果

根据本章设计的实证分析思路，表 6-1 反映了全样本条件下地方政府税收竞争与区域创新的实证回归结果。与前一章的研究类似，第（1）

列的被解释变量为当期的每万人专利申请总量,第(2)列的被解释变量为当期和未来一期每万人专利申请总量的均值(两期的平均值),第(3)列的被解释变量为当期和未来三期每万人专利申请总量的均值(四期的平均值),第(4)列的被解释变量为当期和未来五期每万人专利申请总量的均值(六期的平均值)。所有估计方程均加入了控制变量,同时也控制了地区固定效应与时间固定效应。

表6-1 基准回归结果:税收竞争对区域创新的影响

变量	(1) 当期值	(2) 当期和未来 一期的均值	(3) 当期和未来 三期的均值	(4) 当期和未来 五期的均值
税收竞争	41.201** (20.231)	34.467* (18.555)	31.724* (17.191)	56.389*** (17.638)
第二产业产值占比	−0.282*** (0.092)	−0.329*** (0.086)	−0.442*** (0.083)	−0.599*** (0.082)
第三产业产值占比	0.079 (0.110)	0.025 (0.104)	0.018 (0.100)	−0.049 (0.096)
金融机构 贷款余额占比	−0.011 (0.007)	−0.008 (0.007)	0.001 (0.006)	0.009 (0.006)
实际使用 外资金额占比	−1.382*** (0.139)	−1.478*** (0.133)	−1.285*** (0.134)	−1.268*** (0.128)
年末城镇 登记失业率	−0.061 (0.047)	−0.055 (0.042)	−0.043 (0.038)	−0.044 (0.037)
高等学校数量	0.952 (0.717)	0.541 (0.660)	−0.476 (0.626)	0.048 (0.597)
规模以上 工业企业数	1.007 (0.916)	0.676 (0.869)	−0.136 (0.891)	0.065 (0.848)
人均财政支出	0.002*** (0.000)	0.003*** (0.000)	0.002*** (0.000)	0.002*** (0.000)
城市人均生产 总值增长率	0.225*** (0.050)	0.230*** (0.045)	0.192*** (0.041)	0.118*** (0.043)
常数项	−2.049 (9.028)	5.331 (8.562)	20.504** (8.509)	31.434*** (8.218)
时间固定效应	控制	控制	控制	控制
城市固定效应	控制	控制	控制	控制

续表

变量	(1) 当期值	(2) 当期和未来 一期的均值	(3) 当期和未来 三期的均值	(4) 当期和未来 五期的均值
N	3558	3352	2890	2407
R^2	0.849	0.880	0.903	0.931
F 值	171.714	208.172	147.882	111.831
p 值	0.000	0.000	0.000	0.000

注:第(1)列的因变量为当期每万人专利申请总量。第(2)列的因变量为当期和未来一期每万人专利申请总量均值。第(3)列的因变量为当期和未来三期每万人专利申请总量的均值。第(4)列的因变量为当期和未来五期每万人专利申请总量的均值。括号内为标准误,*、** 和 *** 分别表示在 10%、5% 和 1% 的显著性水平上显著。

可以看到,在表 6-1 的第(1)列中,税收竞争对每万人专利申请总量的回归系数在 5% 的显著性水平上显著为正;在第(2)列和第(3)列中,税收竞争对每万人专利申请总量的回归系数在 10% 的显著性水平上显著为正;在第(4)列中,税收竞争对每万人专利申请总量的回归系数在 1% 的显著性水平上显著为正。显然,地方政府税收竞争对区域创新的回归系数显著为正。这表明,地方政府税收竞争有利于区域创新水平的提升。地方政府降低税收负担,将会促进区域创新水平的提高;地方政府增加税收负担将会抑制区域创新水平的提高。

二、稳健性检验

表 6-1 已表明,地方政府税收竞争与区域创新之间存在正向的关系,即地方税率相对全国平均税率越低,区域的创新能力越强;地方税率相对全国平均税率越高,区域的创新能力越弱。接下来,笔者在不改变实证模型形式的前提下从以下几个方面来检验本章结论的稳健性。

第一,通过变换税收竞争指标衡量方式来检验基准回归结果的稳健性。现有研究对于税收竞争的衡量存在多种方式,为了排除因核心解释变量的测度问题而对结论造成的影响,本章根据已有学者的研究,重新构造地方政府税收竞争指标体系。首先,本章借鉴谢欣和李建军(2011)的研究,将地方政府税收竞争指标的构造方式由"离差式"变换为"比值式",使用全国税收收入占 GDP 的比重与地区税收收入占地区生产总值的比重的比值（全国平均税负与地区平均税负的比值）来衡量。"比值式"的回归结果如表 6-2 中的第（1）列所示，可以看到，将地方政府税收竞争指标的构造方式由"离差式"变换为"比值式"以后，地方政府税收竞争对区域创新的回归系数在 5% 的显著性水平上依然显著为正。其次，有些研究认为，中国的税收竞争不涉及第一产业（唐飞鹏，2017）。基于此，本章用全国税收收入占全国第二产业产值与第三产业产值之和的比重和地区税收收入占地区第二产业产值与第三产业产值之和的比重的离差来衡量地方政府税收竞争。表 6-2 的第（2）列显示了这种衡量方法下的税收竞争对区域创新的回归结果。可以看到，这种衡量方法下的税收竞争对区域创新的回归系数在 5% 的显著性水平上仍然显著为正。

表 6-2　税收竞争对区域创新的影响：稳健性检验

变量	（1）变换核心解释变量 1	（2）变换核心解释变量 2	（3）前后截尾 5%	（4）去除直辖市样本	（5）每万人专利授权总量
税收竞争	1.217**	42.226**	42.151*	39.812**	52.905***
	(0.587)	(17.644)	(24.765)	(20.162)	(15.841)
控制变量	控制	控制	控制	控制	控制
时间固定效应	控制	控制	控制	控制	控制
地区固定效应	控制	控制	控制	控制	控制
N	3558	3558	3201	3502	3558
R^2	0.849	0.849	0.794	0.848	0.843
F 值	171.738	171.955	112.357	168.670	212.707
p 值	0.000	0.000	0.000	0.000	0.000

注：第（1）列的核心解释变量为全国平均税负与地区平均税负的比值。第（2）列的核心解释变量为全国税收收入占全国第二产业产值与第三产业产值之和的比重与地区税收收入占地区第二产业产值与第三产业产值之和的比重的离差。第（3）列为样本前后截尾 5% 的回归结果。第（4）列为删除了北京、天津、上海和重庆四个直辖市以后的样本回归结果。第（5）列的因变量为当期每万人专利授权总量。控制变量包含第二产业产值占比、第三产业产值占比、金融机构贷款余额占比、实际使用外资金额占比、年末城镇登记失业率、高等学校数量、规模以上工业企业数、人均财政支出、城市人均生产总值增长率等。括号内为标准误，*、** 和 *** 分别表示在 10%、5% 和 1% 的显著性水平上显著。

第二，通过排除异常值来验证基准回归结果的稳健性。计量的基本理论指出，如果模型所使用的数据存在异常值，那么用该数据进行研究所得出的结论可能不可信。为了排除数据异常值对研究结果的可能影响，本章首先对所使用的样本进行了前后截尾5%的处理，截尾以后重新进行回归，结果如表6-2中的第（3）列所示。可以看到，在样本进行前后截尾5%的处理以后，地方政府税收竞争对区域创新的回归系数在10%的显著性水平上依然显著为正。然后本章删除了北京、天津、上海和重庆四个直辖市样本，重新进行回归分析，结果如表6-2中的第（4）列所示。可以看到，在删除直辖市样本以后，地方政府税收竞争对区域创新的回归系数在5%的显著性水平上仍旧显著为正。

第三，通过替换被解释变量进行稳健性检验。为了排除变量选择问题对结论造成的影响，本章将被解释变量由每万人专利申请总量替换为每万人专利授权总量，然后进行回归，表6-2中的第（5）列反映了具体的回归结果。可以看到，将被解释变量替换为每万人专利授权总量以后，地方政府税收竞争对区域创新的回归系数在1%的显著性水平上仍然显著为正。

由以上分析可知，无论是上述哪一种检验方法，地方政府税收竞争对区域创新都存在显著的正向影响。因此，本章所得出的结论具有很强的稳健性。

三、内生性检验

关于变量的测量误差所导致的内生性问题，在稳健性分析中，本章已经对核心解释变量税收竞争采用了两种不同的测度法进行检验，相关的回归结果也依然支持本章的基本结论。因此，在本章所讨论的模型中由变量测量误差所导致的内生性问题出现的概率较小。关于遗漏重要变量而产生的内生性问题，理论上的解决方法是找到遗漏的解释变量。就本章的研究而言，关键控制变量有九个，故遗漏重要变量的可能性不大。此外，在本章的所有回归中，使用的都是大样本的面板数据。由回归的基本理论可知，大样本的面板数据可以很好地解决遗漏问题。因此，本章模型因遗漏重要解释变量而产生内生性问题的概率较小。

关于互为因果而产生的内生性问题，本章同样使用了两种方法来解决：一是通过动态面板矩估计方法；二是通过选择合适的工具变量。关于动态面板矩估计方法，已有研究发现，经过差分处理或水平处理以后的自变量可以有效地降低自变量与误差项的相关性（Arellano & Bond，1991；Blundell & Bond，2000）。在此，本章运用动态面板差分矩估计与动态面板系统矩估计方法进行估计，结果如表6-3中的第（1）列与第（2）列所示。可以看到，无论是使用动态面板差分矩估计方法还是动态面板系统矩估计方法进行估计，地方政府税收竞争对区域创新的回归系数均在1%的显著性水平上都显著为正。

表6-3　税收竞争对区域创新的影响：内生性检验

变量	(1) DID-GMM	(2) SYS-GMM	(3) 工具变量 （滞后一期）	(4) 工具变量 （城市行政区面积）
L. 每万人 专利申请总量	0.348*** (0.001)	0.294*** (0.001)		
税收竞争	32.149*** (4.137)	21.966*** (5.759)	37.700* (20.403)	41.201** (19.347)
控制变量	控制	控制	控制	控制
时间固定效应	不控制	不控制	控制	控制
地区固定效应	不控制	不控制	控制	控制
N	3249	3558	3288	3558
R^2			0.860	0.849
F 值			60.693	60.155
Sargan 值	0.000	0.000	0.000	0.000

注：第（1）列采用的是动态面板差分矩估计方法。第（2）列采用的是动态面板系统矩估计方法。第（3）列的工具变量为滞后一期的每万人专利申请总量。第（4）列的工具变量为城市行政区面积。控制变量包含第二产业产值占比、第三产业产值占比、金融机构贷款余额占比、实际使用外资金额占比、年末城镇登记失业率、高等学校数量、规模以上工业企业数、人均财政支出、城市人均生产总值增长率等。括号内为标准误，*、**和***分别表示在10%、5%和1%的显著性水平上显著。

关于利用合适的工具变量解决模型的内生性问题，本章选取了两个工具变量对模型的内生性问题进行处理。第一，地方政府税收竞争的滞后项。从时间维度来看，地方政府税收收入具有相对稳定性，因而将地方政府税收竞争的滞后项作为工具变量进行估计是一种合适的选择。本章将税收竞争的滞后一期作为工具变量，其具体的分析结果如表6-3中的第（3）列所示。结果显示，将地方政府税收竞争滞后一期作为工具变量进行估计时，地方政府税收竞争对区域创新的回归系数在10%的显著性水平上显著为正。第二,城市行政区面积。一般来说,经济越发达的城市的行政区面积会越大;同时,经济发达的城市税源会比较充足,相应的平均税负也较低,因此将城市的行政区面积作为工具变量进行估计也是一种合适的选择。本章将城市的行政区面积作为工具变量,具体的回归结果如表6-3中的第(4)列所示。结果显示,将城市的行政区面积作为工具变量进行估计时,地方政府税收竞争对区域创新的回归系数在5%的显著性水平上显著为正。可见,在考虑各种情况可能产生的内生性问题以后,模型所得到的结论依然与基准回归结果一致。

第五节　机制检验与异质性分析

一、机制检验

根据前文实证研究的结果,我们已经知道了地方政府税收竞争对区域创新的影响显著为正,即在税负水平越高的地区,创新水平越低;而在税负水平越低的地区,创新水平越高。这种显著的正向作用需要通过某些特定的机制来实现。由前文的理论分析可知,地方政府税收竞争行为会影响要素的区域流动,而要素的区域流动又会影响区域创新。为了验证要素流动在地方政府税收竞争和区域创新之间所发挥的机制作用,本章将分别从劳动力流动视角和资本流动视角对地方政府税收竞争影响区域创新的机制做进一步的检验。

为了更全面地揭示劳动力流动在地方政府税收竞争与区域创新之间所发挥的作用,本章将劳动力流动分为普通劳动力流动与技术型劳动力流动进行分析。本章的机制检验思路与第五章一致:一是将普通劳动力流动与技术型劳动力流动分别对地方政府税收竞争进行回归,以此分析地方政府税收竞争对普通劳动力流动与技术型劳动力流动的影响。二是将每万人专利申请总量对普通劳动力流动与技术型劳动力流动分别进行回归,以此分析普通劳动力流动与技术型劳动力流动对区域创新的影响。具体的回归结果如表6-4所示。

表 6-4　税收竞争影响区域创新的机制:劳动力流动视角

变量	(1)普通劳动力流动	(2)技术型劳动力流动	(3)每万人专利申请总量	(4)每万人专利申请总量
税收竞争	16.972(20.512)	−2.568(3.560)		
普通劳动力流动			0.030*(0.016)	
技术型劳动力流动				0.230**(0.113)
控制变量	控制	控制	控制	控制
时间固定效应	控制	控制	控制	控制
城市固定效应	控制	控制	控制	控制
N	3552	3552	3986	3986
R^2	0.035	0.287	0.294	0.764
F 值	3.350	2.763	157.460	41.044
p 值	0.000	0.002	0.000	0.000

注:第(1)列的因变量为普通劳动力流动。第(2)列的因变量为技术型劳动力流动。第(3)列的核心解释变量为普通劳动力流动。第(4)列的核心解释变量为技术型劳动力流动。控制变量包含第二产业产值占比、第三产业产值占比、金融机构贷款余额占比、实际使用外资金额占比、年末城镇登记失业率、高等学校数量、规模以上工业企业数、人均财政支出、城市人均生产总值增长率等。括号内为标准误,*、**和***分别表示在10%、5%和1%的显著性水平上显著。

表 6-4 中的第(1)列与第(2)列分别反映了普通劳动力流动与技术型劳动力流动对税收竞争的回归结果。可以看到,普通劳动力流动对地方政府税收竞争的回归系数为正但不显著,技术型劳动力流动对地方政府税收竞争的回归系数为负并且也不显著。这表明:地方政府税收竞争对普通劳动力流动产生了一定的促进作用,但这种促进作用并不明显;地方政府税收竞争对技术型劳动力流动产生了一定的抑制作用,并且这种抑制作用也不明显。表 6-4 中的第(3)列与第(4)列则分别反映了每万人专利申请总量对普通劳动力流动与技术型劳动力流动的回归结果。可以看到,每万人专利申请总量对普通劳动力流动的回归系数在 10% 的显著性水平上显著为正;每万人专利申请总量对技术型劳动力流动的回归系数在 5% 的显著性水平上显著为正。这说明无论是普通劳动力

的流入还是技术型劳动力的流入,均能在一定程度上显著促进区域创新水平的提高。根据对表 6-4 回归结果的分析,我们可以知道,对于劳动力流动来说,降低地区税负水平的税收政策或措施只会在一定程度上通过促进普通劳动力的流动来促进区域创新,并不能通过促进技术型劳动力的流动来促进创新。

同样地,为了更深刻地揭示资本流动这一机制在地方政府税收竞争与区域创新之间所发挥的作用,本章将资本流动分成普通资本流动与风险资本流动进行分析。研究方式与劳动力流动类似,首先分别将普通资本流动与风险资本流动对地方政府税收竞争进行回归,以此研究地方政府税收竞争对普通资本流动与风险资本流动的影响。然后将每万人专利申请总量对普通资本流动与风险资本流动分别进行回归,以此研究普通资本流动与风险资本流动对区域创新的影响。模型回归的具体结果如表 6-5 所示。

表 6-5　税收竞争影响区域创新的机制:资本流动视角

变量	(1) 普通 劳动力流动	(2) 技术型 劳动力流动	(3) 每万人专利 申请总量	(4) 每万人专利 申请总量
税收竞争	34.173** (14.470)	-82.003^{**} (37.426)		
普通资本流动			0.519*** (0.030)	
风险资本流动				0.030*** (0.010)
控制变量	控制	控制	控制	控制
时间固定效应	控制	控制	控制	控制
城市固定效应	控制	控制	控制	控制
N	3352	3488	3485	4177
R^2	0.881	0.656	0.798	0.748
F 值	78.262	6.461	69.445	53.199
p 值	0.000	0.000	0.000	0.000

注:第(1)列的因变量为普通资本流动。第(2)列的因变量为风险资本流动。第(3)列的核心解释变量为普通资本流动。第(4)列的核心解释变量为风险资本流动。控制变量包含第二产业产值占比、第三产业产值占比、金融机构贷款余额占比、实际使用外资金额占比、年末城镇登记失业率、高等学校数量、规模以上工业企业数、人均财政支出、城市人均生产总值增长率等。括号内为标准误,*、** 和 *** 分别表示在10%、5%和1%的显著性水平上显著。

表 6-5 中的第(1)列与第(2)列分别反映了普通资本流动与风险资

本流动对地方政府税收竞争的回归结果。可以看到，普通资本流动对地方政府税收竞争的回归系数在 5% 的显著性水平上显著为正，风险资本流动对地方政府税收竞争的回归系数在 5% 的显著性水平上显著为负。这说明地方政府税收竞争对普通资本的流动会产生显著的促进作用，而对风险资本的流动则产生了显著的抑制作用。表 6-5 中的第（3）列与第（4）列则分别反映了每万人专利申请总量对普通资本流动与风险资本流动的回归结果。根据回归结果，可知每万人专利申请总量对普通资本流动的回归系数在 1% 的显著性水平上显著为正；每万人专利申请总量对风险资本流动的回归系数在 1% 的显著性水平上也显著为正。这说明无论是普通资本的流入，还是风险资本的流入均能显著地促进区域创新水平的提高。根据对表 6-5 回归结果的分析，我们可以知道，对于资本流动来说，降低地区税负水平的税收政策或措施只能够通过促进普通资本的流动来促进区域创新，并不能通过促进风险资本的流动来促进创新。

二、异质性分析

（一）不同专利类型异质性分析

根据中国技术专利的划分标准，可知技术专利可以分为发明专利、实用新型专利与外观设计专利。发明专利是三类专利中科技含量较高、最能体现核心竞争力的创新产出（赵彦云和刘思明，2011）。外观设计专利是三类专利中科技含量较低、模仿性较强的创新产出。为了进一步探究地方政府税收竞争对不同专利类型的影响，本章搜集了每个城市的发明专利申请总量、实用新型专利申请总量与外观设计专利申请总量数据，并将每种专利类型的申请总量除以相应城市的人口数量（排除人口因素的影响），然后重新估算地方政府税收竞争对三类专利的影响。

表 6-6 反映了不同专利类型对地方政府税收竞争的回归结果。其中，第（1）列为每万人发明专利申请总量对地方政府税收竞争的回归结果，第（2）列为每万人实用新型专利申请总量对地方政府税收竞争的回归结果，第（3）列为每万人外观设计专利申请总量对地方政府税收竞争的回归结果。可以看到，地方政府税收竞争对这几种专利的回归系数都

为正,表明地方政府税收竞争会促进这几类专利申请数量的提升。但是从显著性水平来看,地方政府税收竞争对每万人发明专利申请总量的回归系数不显著,对每万人实用新型专利申请总量的回归系数在 10% 的显著性水平上显著,对每万人外观设计专利申请总量的回归系数在 1% 的显著性水平上显著。这说明地方政府税收竞争对每万人发明专利申请总量没有实质性的促进作用,对每万人实用新型专利申请总量的促进作用较弱,对每万人外观设计专利申请总量的促进作用最强。这意味着中国地方政府税收竞争行为只是促进了低水平、模仿性较强的创新,并没有显著地促进高水平、原创性的创新。为了更直观地体现这个结论,本章在表 6-6 中的第(4)列使用专利申请质量对地方政府税收竞争进行了回归,专利申请质量的衡量指标为专利申请总量中发明专利申请总量所占的比重。根据第(4)列的回归结果,我们可以看到,地方政府税收竞争显著地抑制了专利申请质量的提升,结合前文的分析,可知地方政府的税收竞争行为只促进了低质量的创新。

表 6-6 税收竞争对区域创新的影响:不同专利类型视角

变量	(1) 每万人发明 专利申请总量	(2) 每万人实用新型 专利申请总量	(3) 每万人外观设计 专利申请总量	(4) 专利申请质量
税收竞争	2.544 (8.077)	15.954* (9.732)	22.702*** (7.421)	−51.798*** (18.099)
控制变量	控制	控制	控制	控制
时间固定效应	控制	控制	控制	控制
地区固定效应	控制	控制	控制	控制
N	3558	3558	3558	3558
R^2	0.834	0.781	0.778	0.668
F 值	161.046	147.730	38.473	2.974
p 值	0.000	0.000	0.000	0.001

注:第(1)列的因变量为每万人发明专利申请总量。第(2)列的因变量为每万人实用新型专利申请总量。第(3)列的因变量为每万人外观设计专利申请总量。第(4)列的因变量为专利申请质量。控制变量包含第二产业产值占比、第三产业产值占比、金融机构贷款余额占比、实际使用外资金额占比、年末城镇登记失业率、高等学校数量、规模以上工业企业数、人均财政支出、城市人均生产总值增长率等。括号内为标准误,*、**和***分别表示在10%、5%和1%的显著性水平上显著。

(二)不同类型税收竞争异质性分析

中国的税收制度非常复杂,因此在运用税收竞争策略工具时,不同的地方政府可能会对一些特定的税种有所侧重。本章根据税种的重要程度,选取增值税、企业所得税和个人所得税三个代表性税种进行研究。[①] 其中,增值税竞争用全国增值税税收收入占 GDP 的比重与各地区增值税税收收入占地区生产总值的比重的离差来度量,企业所得税竞争用全国企业所得税税收收入占 GDP 的比重与各地区企业所得税税收收入占地区生产总值的比重的离差来度量,个人所得税竞争用全国个人所得税税收收入占 GDP 的比重与各地区个人所得税税收收入占地区生产总值的比重的离差来度量。

表 6-7 反映了不同类型税收竞争对区域创新的回归结果。可以看到,每万人专利申请总量对增值税竞争的回归系数为正但不显著,每万人专利申请总量对企业所得税竞争和个人所得税竞争的回归系数在 1% 的显著性水平上显著为正。这表明地方政府的企业所得税竞争行为与个人所得税竞争行为均能显著地提升区域创新水平,而增值税竞争行为并不能显著地提升区域创新水平。从回归系数来看,个人所得税竞争的回归系数较大,企业所得税竞争的回归系数较小。这说明相对于企业所得税竞争来说,地方政府的个人所得税竞争行为对区域创新的促进作用更大。

表 6-7　税收竞争对区域创新的影响:不同类型税收竞争视角

变量	(1) 每万人专利申请总量	(2) 每万人专利申请总量	(3) 每万人专利申请总量
增值税竞争	83.708 (47.463)		
企业所得税竞争		524.871*** (71.559)	
个人所得税竞争			1513.334*** (176.633)

---

①　本书中的增值税、企业所得税和个人所得税数据来源于 CEIC 数据库。

续表

变量	(1) 每万人专利申请总量	(2) 每万人专利申请总量	(3) 每万人专利申请总量
控制变量	控制	控制	控制
时间固定效应	控制	控制	控制
地区固定效应	控制	控制	控制
N	3611	3601	3510
R^2	0.832	0.660	0.676
F 值	254.770	623.250	647.770
p 值	0.000	0.000	0.000

注:第(1)列的核心解释变量为增值税竞争。第(2)列的核心解释变量为企业所得税竞争。第(3)列的核心解释变量为个人所得税竞争。控制变量包含第二产业产值占比、第三产业产值占比、金融机构贷款余额占比、实际使用外资金额占比、年末城镇登记失业率、高等学校数量、规模以上工业企业数、人均财政支出、城市人均生产总值增长率等。括号内为标准误,*、** 和 *** 分别表示在10%、5%和1%的显著性水平上显著。

(三)经济发展水平异质性分析

与第五章类似,本章也考察了不同经济发展水平地区的地方政府税收对区域创新的影响。本章将人均地区生产总值大于全国城市人均GDP 的城市作为经济发达城市,将人均地区生产总值小于全国城市人均 GDP 的城市作为经济欠发达城市。依照此种分类方法,依次进行回归分析。表 6-8 反映了不同经济发展水平城市的政府税收竞争对区域创新的异质性影响。

表 6-8　税收竞争对区域创新的影响:不同经济发展水平视角

变量	(1) 经济发达城市 (人均地区生产总值>28425 元)	(2) 经济欠发达城市 (人均地区生产总值≤28425 元)
税收竞争	121.765*** (36.124)	−36.639*** (4.542)
控制变量	控制	控制
时间固定效应	控制	控制

续表

变量	(1) 经济发达城市 （人均地区生产总值＞28425元）	(2) 经济欠发达城市 （人均地区生产总值≤28425元）
地区固定效应	控制	控制
N	1818	1740
R^2	0.855	0.757
F值	84.335	13.622
p值	0.000	0.000

注：第(1)列为人均地区生产总值高于全国平均水平的城市样本。第(2)列为人均地区生产总值低于全国平均水平的城市样本。控制变量包含第二产业产值占比、第三产业产值占比、金融机构贷款余额占比、实际使用外资金额占比、年末城镇登记失业率、高等学校数量、规模以上工业企业数、人均财政支出、城市人均生产总值增长率等。括号内为标准误，*、** 和 *** 分别表示在10%、5%和1%的显著性水平上显著。

可以看到，在经济发达的城市，地方政府税收竞争对区域创新的回归系数在1%的显著性水平上显著为正；而在经济欠发达的城市，地方政府税收竞争对区域创新的回归系数在1%的显著性水平上显著为负。这说明在经济发达的地区，政府减少税收负担能够促进区域创新；而在经济欠发达的地区，政府减少税收负担会抑制区域创新。其原因可能为，在经济欠发达的地区，政府减少税收负担意味着减少政府财政收入，这将影响公共服务的供给质量，阻碍要素的流入，进而抑制区域创新。而在经济发达的地区，政府减少税收负担并不会对其承担的公共服务产生影响，而且其还能够吸引要素流入，进而促进区域创新。

第六节　拓展性分析

根据前文的分析，可知不同类型的税收竞争对区域创新的影响存在差异，并且不同经济发展水平的地区的地方政府税收竞争对区域创新的影响也存在差异。在本章中，要素流动是地方政府税收竞争影响区域创新的重要机制，那么，不同类型的税收竞争对要素流动的影响是怎样的呢？此外，在不同经济发展水平的地区，地方政府税收竞争对要素流动的影响是怎样的呢？本节将就这些问题进行深入探讨。

一、不同类型税收竞争影响要素流动分析

由税收理论可知,不同的税种对要素的影响存在差异。比如,所得税与家庭和企业的收入密切相关,会影响家庭的市场劳务供给决策和企业的市场劳务需求决策;增值税与企业所创造的增加值密切相关,会影响企业的生产决策,而企业的生产与投资密不可分,所以增值税自然会影响企业的投资行为。基于此,笔者假设,地方政府不同类型税收竞争行为对要素流动的影响可能会存在差异。为了检验此假设,本章将要素流动对增值税竞争、企业所得税竞争和个人所得税竞争分别进行了回归分析。

表 6-9 反映了要素流动对增值税竞争、企业所得税竞争和个人所得税竞争的回归结果。由结果可知,增值税竞争对劳动力流动(普通劳动力流动和技术型劳动力流动)的影响不显著;对普通资本流动的回归系数在 1% 的显著性水平上显著为正;对风险资本流动的回归系数在 1% 的显著性水平上显著为负。企业所得税竞争对普通劳动力流动和风险资本流动的回归系数不显著;对技术型劳动力流动的回归系数在 10% 的显著性水平上显著为负;对普通资本流动的回归系数在 1% 的显著性水平上显著为正。个人所得税竞争对劳动力流动(普通劳动力流动和技术型劳动力流动)和风险资本流动的回归系数不显著;对普通资本流动的回归系数在 1% 的显著性水平上显著为正。这说明增值税竞争有利于普通资本流动,但不利于风险资本流动;企业所得税竞争也有利于普通资本流动,但对技术型劳动力流动产生了一定的抑制作用;而个人所得税竞争只对普通资本流动有促进作用。此外,从资本流动回归系数的大小来看,个人所得税竞争的回归系数最大,企业所得税竞争的回归系数次之,增值税竞争的回归系数最小。这表明个人所得税竞争对资本流动的促进作用最大,其次是企业所得税竞争,最后是增值税竞争。

表 6-9 税收竞争对要素流动的影响:不同类型税收竞争视角

变量	(1) 普通劳动力流动	(2) 技术型劳动力流动	(3) 普通资本流动	(4) 风险资本流动	(5) 普通劳动力流动	(6) 技术型劳动力流动	(7) 普通资本流动	(8) 风险资本流动	(9) 普通劳动力流动	(10) 技术型劳动力流动	(11) 普通资本流动	(12) 风险资本流动
增值税竞争	22.975 (51.762)	−7.501 (5.348)	143.601*** (35.540)	−301.896*** (92.616)								
企业所得税竞争					94.244 (114.434)	−31.006* (18.137)	420.189*** (64.729)	−156.832 (199.628)				
个人所得税竞争									−18.973 (294.716)	−76.644 (46.742)	1318.326*** (150.462)	−129.706 (522.409)
控制变量	控制	控制	控制	控制	控制	控制	控制	控制	控制	控制	控制	控制
时间固定效应	控制	控制	控制	控制	控制	控制	控制	控制	控制	控制	控制	控制
城市固定效应	控制	控制	控制	控制	控制	控制	控制	控制	控制	控制	控制	控制
N	3608	3606	3403	3541	3597	3595	3390	3530	3506	3504	3308	3439
R^2	0.125	0.166	0.881	0.653	0.126	0.297	0.882	0.653	0.125	0.297	0.884	0.653
F 值	1.939	64.854	79.403	8.362	1.988	3.393	79.553	6.739	1.956	3.364	79.141	6.589
p 值	0.036	0.000	0.000	0.000	0.031	0.000	0.000	0.000	0.034	0.000	0.000	0.000

注:第(1)列至第(4)列的核心解释变量为增值税竞争。第(5)列至第(8)列的核心解释变量为企业所得税竞争。第(9)列至第(12)列的核心解释变量为个人所得税竞争。第(1)列、第(5)列、第(9)列的因变量为普通劳动力流动,第(2)列、第(6)列、第(10)列的因变量为技术型劳动力流动,第(3)列、第(7)列、第(11)列的因变量为普通资本流动,第(4)列、第(8)列、第(12)列的因变量为风险资本流动。控制变量包含第二产业产值占比、城市人均产业产值占比、金融机构贷款余额占比、实际使用外资金额占比、年末城镇登记失业率、高等学校数量、人均财政支出、规模以上工业企业数、人均生产总值增长率等。括号内为标准误。*、** 和 *** 分别表示在 10%、5% 和 1% 的显著性水平上显著。

二、不同经济发展水平下的财政支出竞争与要素流动分析

与财政支出竞争相似，传统财政竞争理论认为，地区的税收负担越低，越能够吸引要素流入；地区的税收负担越高，越会抑制要素流入。但现实中可能并非如此，由于税收是财政收入的主要来源，在经济欠发达地区，降低税负会减少政府的财政收入，这意味着政府所能提供的公共产品和服务水平会下降，公共产品和服务水平下降会抑制要素流入。因此，经济欠发达地区降低税收负担不一定能吸引要素流入，也可能抑制要素流入。在经济发达的地区，由于税源充足，降低税负并不会影响公共产品和服务的供给质量，因此其能够吸引要素流入。为了检验这一逻辑，本章就不同经济发展水平地区的要素流动对税收竞争进行了回归分析。

表6-10反映了不同经济发展水平城市的要素流动对税收竞争的回归结果。可以看到，在经济发达的城市，资本流动（普通资本流动和风险资本流动）对税收竞争的回归系数全为正值，且普通资本流动的回归系数在1％的显著性水平上显著。这说明在经济发达的城市，降低税负有利于资本要素的流动，尤其是能显著地促进普通资本流动。而在经济欠发达的城市，资本流动（普通资本流动和风险资本流动）对税收竞争的回归系数全为负值，且回归系数在1％的显著性水平上显著。这说明在经济欠发达的城市，降低税负会抑制资本流动（普通资本流动和风险资本流动）。显然，税收竞争只会在经济发达的地区显示出优良的属性。

表6-10 税收竞争对要素流动的影响:不同经济发展水平视角

变量	经济发达城市（人均生产总值>28125元）				经济欠发达城市（人均生产总值≤28125元）			
	(1)普通劳动力流动	(2)技术型劳动力流动	(3)普通资本流动	(4)风险资本流动	(5)普通劳动力流动	(6)技术型劳动力流动	(7)普通资本流动	(8)风险资本流动
税收竞争	19.144 (34.760)	-1.607 (6.542)	67.607*** (25.914)	51.861 (47.066)	19.678 (26.897)	-2.067 (2.056)	-39.896*** (9.528)	-250.422*** (60.234)
控制变量	控制	控制	控制	控制	控制	控制	控制	控制
时间固定效应	控制	控制	控制	控制	控制	控制	控制	控制
城市固定效应	控制	控制	控制	控制	控制	控制	控制	控制
N	1816	1816	1714	1748	1739	1736	1638	1740
R^2	0.132	0.295	0.885	0.697	0.133	0.083	0.886	0.384
F值	1.795	1.974	80.668	2.728	1.240	0.672	76.725	6.559
p值	0.057	0.033	0.000	0.002	0.260	0.752	0.000	0.000

注:第(1)列至第(5)列为人均生产总值高于全国平均水平的城市样本。第(5)列至第(8)列为人均生产总值不高于全国平均水平的城市样本。第(1)列、第(5)列的因变量为普通劳动力流动。第(2)列、第(6)列的因变量为技术型劳动力流动。第(3)列、第(7)列的因变量为普通资本流动。第(4)列、第(8)列的因变量为风险资本流动。第三产业产值占比,金融机构贷款余额占比,实际使用外资金额占比,年末城镇登记失业率,高等学校数量,人均财政支出,城市人均生产总值增长率等。括号内为标准误。*、** 和 *** 分别表示在10%、5%和1%的显著性水平上显著。

第七节　本章小结

本章首先建立了关于税收竞争与区域创新关系的理论分析框架,揭示了地方政府税收竞争对区域创新的影响机理。理论分析表明,地方政府税收竞争会通过影响劳动力和资本的流动进而作用于区域创新。以理论研究为基础,本章利用 2005—2018 年中国 285 个城市的数据进行实证检验,研究结果显示:第一,从整体来看,地方政府税收竞争对区域创新具有显著的促进作用。第二,地方政府税收竞争显著地促进了普通资本流动,但对劳动力流动(普通劳动力流动和技术型劳动力流动)的影响不显著,并且抑制了风险资本流动,最终有效地发挥了它对区域创新的促进作用。第三,地方政府税收竞争对不同类型专利的影响存在差异,地方政府税收竞争只是显著地促进了低质量的创新,对高质量的创新促进作用不明显。第四,不同类型税收竞争对区域创新的影响存在差异。相比增值税竞争,企业所得税竞争与个人所得税竞争对区域创新的影响更大。第五,在不同经济发展水平地区,地方政府税收竞争对区域创新的影响具有异质性。经济发达地区的地方政府税收竞争对区域创新的影响显著为正,而经济欠发达地区的地方政府财政支出竞争对区域创新的影响显著为负。第六,从税收竞争类型来看,相比增值税竞争,企业所得税竞争与个人所得税竞争对普通资本流动的促进作用更大。第七,从经济发展水平来看,经济发达地区的地方政府税收竞争对资本流动普遍具有促进作用,经济欠发达地区的地方政府税收竞争对资本流动普遍具有抑制作用。

第七章　地方政府转移支付竞争、要素流动与区域创新

第一节　引　言

在地方政府财政竞争的所有形式中,转移支付竞争是一种最为特殊的财政竞争形式。其他的地方政府财政竞争都是地方政府通过影响公共服务的供给或生产的决策来达到吸引要素流入的目的,而地方政府转移支付竞争是地方政府通过类似"政治锦标赛"等的行为来达到获得更多的中央财政转移支付的目的,这种行为获得的转移支付会影响要素的区域流动(王丽艳和马光荣,2017)。显然,其他类型的地方政府财政竞争会直接影响要素的流动,而地方政府转移支付竞争会间接地影响要素流动。那么,地方政府转移支付竞争是否能通过影响要素流动进而影响区域创新呢? 本章将就这一问题进行回答。

从现有的文献资料来看,关于转移支付的研究大多集中在对区域基本公共服务、经济平衡发展和地方政府行为的影响上。郭庆旺和贾俊雪(2008)研究发现,中央财政转移支付有助于实现中国各区域公共医疗卫生服务的均等化,但抑制了其发展;虽促进了公共交通基础设施服务的发展,但加剧了省份差异;而对公共基础教育服务则不具有显著影响。陈思霞和田丹(2013)发现,均衡性转移支付显著降低了地方公共服务供给效率,而专项转移支付在一定程度上有利于提高地方公共服务供给效率。胡斌和毛艳华(2018)研究发现,转移支付规模的扩大显著促进了基本公共服务的均等化,不同转移支付形式对基本公共服务均等化的影响有显著差异,税收返还和专项转移支付对基本公共服务均等化几乎没有

影响,而一般性转移支付能够显著促进基本公共服务均等化。

在区域经济平衡发展方面,王文甫等(2020)研究发现,转移支付对东部和中西部地区的政府投资、社会投资和居民消费都有正向促进作用,各变量在响应路径、波动程度及其累积效应方面呈现出明显的区域差异性,中央对东部地区转移支付的宏观经济效应总体上大于中西部地区。刘长庚和巫骥(2023)研究发现,中央财政转移支付缩小了各省域基本公共服务、基础设施通达程度和人民生活水平的差距,促进了省域各项协调发展指标的均衡提升。

在区域政府行为方面,吴柏钧和曹志伟(2021)认为,转移支付作为财政收入再分配机制发挥了一定的地区财政平衡作用,在既定的财政体制下有效缓解了地方政府财政压力,对地方政府招商引资竞争行为产生了抑制作用。张明源(2023)通过研究发现持续大规模地通过转移支付向欠发达地区增加基建投资反而加剧了区域间的不健康竞争,不仅没有达到效率最大化,还进一步陷入"投资—落后—再投资"的恶性循环。田彬彬和谷雨(2023)研究发现,无论是一般性转移支付,还是专项转移支付,规模的增加都显著降低了地方政府的税收努力。

显然,根据现有文献分析,学者对于地方政府转移支付的研究主要集中在经济效应方面,关于地方政府转移支付竞争与区域创新之间的研究文献依然较为匮乏。根据王丽艳和马光荣(2017)、王文甫等(2020)的研究可知,转移支付不仅可以影响区域之间的劳动力分布,还可以影响区域的资本布局。当前,畅通国内要素大循环、构建各具特色的区域创新体系是中国实现高质量发展的关键。而转移支付竞争作为地方政府争夺稀缺要素的重要手段,对要素的区域流动有着重要的影响。因此,在高质量发展的背景下,研究地方政府转移支付竞争如何通过影响要素流动,进而作用于区域创新,对探索我国财政体制及实现创新驱动发展都具有重要意义。

鉴于此,本章将就地方政府转移支付竞争与区域创新之间的关系进行研究。具体来说,本章通过建立转移支付竞争与区域创新的理论分析框架,揭示转移支付竞争对区域创新的影响机制。在理论分析的基础上,利用2003年至2009年中国285个城市的数据进行实证分析。本章研究的边际贡献在于:第一,本章以地方政府之间的转移支付竞争行为为研究对象，探讨其通过要素流动影响区域创新的作用机理。这可以为更全面地了解转移支付竞争的经济效应、更好地激励区域创新发展提供新视角。第二，以要素流动为内在机制，考察了地方政府转移支付竞争对中国区域创新的影响。这不仅为更加科学地研究地方政府的转移支付竞争提供了有效途径，也为解释区域创新格局的空间演变提供了理论依据。第三，与第五章类似，本章所研究的要素流动也包含普通劳动力流动、普通资本流动、技术型劳动力流动和风险资本流动。

第二节　影响机理分析

转移支付竞争是指各个地方政府为了吸引稀缺的生产要素，促进自身经济发展，而在争取中央政府转移支付上所进行的一系列互相博弈的行为。转移支付竞争与其他财政支出竞争的目的一致，都是为了促进经济发展。不同之处在于地方政府没有权力直接干预中央的转移支付行为，只能通过自身的各种努力间接地影响中央政府的行为。

为了更为详细地揭示转移支付竞争影响要素流动的理论机制，本章从劳动力和资本两个方面分别进行论述。

第一，关于转移支付竞争对劳动力流动的影响。就普通劳动力来说，一方面，地区的转移支付竞争可以引导劳动力向某些行业或地区流动，从而改善劳动力市场的结构。例如，政府可以通过提供针对特定行业的培训补贴或就业补贴，鼓励更多的人进入该行业，从而增加该行业的劳动力供给。另一方面，政府可以通过提供培训、就业补贴等手段，帮助普通劳动力提高技能水平、增加就业机会，从而提高劳动力市场的参与率。这有助于提高区域的劳动力供给水平，进而降低失业率。除此之外，转移支付竞争还可以刺激企业增加投资、扩大生产规模，从而创造更多的就业机会，促进劳动力的区域间流动。此外，就技术型劳动力流动来说，一方面，地方政府的转移支付竞争可以通过提供研发补贴、人才引进补贴等手段，吸引更多技术型劳动力流入本地区，这有助于提高本地区的创新能力和竞争力。另一方面，转移支付竞争可以引导技术型劳动力向某些地区流动，从而改善技术型劳动力的供给结构。

　　第二,关于转移支付竞争对资本区域流动的影响。就普通资本来说,一是转移支付竞争可以通过提供税收减免、财政补贴等手段,降低企业的成本,提高企业的利润,进而刺激企业扩大投资。这可以促进资本在不同地区之间的流动,使资本能够更加自由地寻找投资机会,提高资本的利用效率。二是转移支付竞争可以引导资本流向特定地区或行业。政府通过提供针对特定地区的税收减免、税收返还等手段,吸引资本流入该地区或行业,进而促进该地区的经济发展。这种政策可以提高资本的配置效率,使资本更多地流向需要发展的地区或行业。此外,就风险资本来说,一方面,转移支付竞争可以引导风险资本流向创新领域和高科技产业。政府可以通过提供针对特定行业的税收减免、税收返还等转移支付手段,吸引风险资本流入该行业,进而促进该行业的创新和发展。这有助于推动科技进步和产业升级。另一方面,转移支付竞争可以降低资本的投资风险。政府可以通过提供风险补偿、担保等手段,帮助风险资本降低投资风险,提高投资回报的稳定性。这有助于提高投资者的信心,促使其更积极地参与投资。

　　关于要素流动影响区域创新的作用机制,前文已经作过详细的分析,此处不再赘述。

　　由上述分析可知,地方政府之间的转移支付竞争行为会引起各种流动性要素跨区域流动,要素的跨区域流动会改变各个地区的资源配置状况,从而影响区域创新的发展。显然,在地方政府转移支付影响区域创新的过程中,要素流动发挥了重要的作用。基于此,本章提出如下假设:地方政府转移支付竞争行为引发的要素流动会影响区域创新。

第三节　研究设计与变量选择

一、变量的测度

(一)创新水平的测度

与第五章一致,本章用各个城市的专利申请数量来代表创新水平。

城市专利数量的获取方式也与第五章相同,通过国家知识产权局的专利检索数据库,根据专利信息中的邮政编码识别专利所在的城市。在处理数据的时候剔除了人口因素的影响,用城市的每万人专利申请总量来表示城市的创新水平。

(二)地方政府转移支付竞争的测度

关于转移支付竞争的测度,笔者认为地方政府对中央转移支付所作出的各种努力最终都会通过转移支付的数额反映出来。为此,笔者借鉴现有关于财政支出竞争与税收竞争衡量的相关思想,用地区转移支付占地区生产总值的比重减去全国总转移支付占 GDP 的比重之差来衡量转移支付竞争。该指标的值越大,说明该地方政府参与转移支付竞争的程度越高,而该指标的值越小则说明该地方政府参与转移支付竞争的程度越低。

(三)要素流动的测度

与第五章类似,本章所讨论的要素流动也包含劳动力流动与资本流动两类,并且对每一种要素也进行了区分,劳动力流动依旧分为普通劳动力流动与技术型劳动力流动,资本流动依旧分为普通资本流动与风险资本流动。

关于普通劳动力流动、技术型劳动力流动、普通资本流动与风险资本流动的测度,其方法与第五章中的一致,此处不再赘述。

二、研究设计

依据前文的理论分析,本章拟通过如下模型来研究转移支付竞争对区域创新的影响效应。

$$\text{Innovation}_{i,t} = \beta_0 + \beta_1 \text{Tran}_{i,t} + \sum^{j} \beta_j \text{Control}_{i,t} + \delta_i + \mu_t + \varepsilon_{i,t}$$

$$(7\text{-}1)$$

其中,i 表示城市,t 表示年份,Innovation 为城市创新的代理变量,Tran 为转移支付竞争的代理变量,Control 为影响城市创新能力的其他因素,δ 和 μ 分别表示地区固定效应和时间固定效应,通过控制地区固定效应和时间固定效应，可以有效地避免地区本身差异和时间趋势对模型估计所造成的影响。

关于控制变量的选取，此处与第六章一致，选择产业结构、融资约束、对外开放水平、失业率、普通高等学校数量、规模以上工业企业数、经济发展水平作为控制变量。相应变量的衡量方式也与第六章中的一致。

三、数据来源

本章的转移支付数据来自《全国地市县财政统计资料》，其他各变量的数据主要来源于《中国城市统计年鉴》《中国区域经济统计年鉴》、EPS全球统计数据库和 CEIC 数据库等，考虑到数据的可得性问题，本章研究的样本期起始年份设定为 2003 年，截止年份设定为 2009 年。

第四节　实证结果与分析

一、基本回归结果

根据本章设计的实证分析思路，表 7-1 反映了全样本条件下地方政府转移支付竞争与区域创新的实证回归结果，其中，第(1)列的被解释变量为当期的每万人专利申请总量，第(2)列的被解释变量为当期和未来一期每万人专利申请总量的均值(两期的平均值)，第(3)列的被解释变量为当期和未来三期每万人专利申请总量的均值(四期的平均值)，第(4)列的被解释变量为当期和未来五期每万人专利申请总量的均值(六期的平均值)，所有估计方程均加入了控制变量，同时也控制了地区固定效应与时间固定效应。

表 7-1　基准回归结果：转移支付竞争对区域创新的影响

变量	（1） 当期值	（2） 当期和未来 一期的均值	（3） 当期和未来 三期的均值	（4） 当期和未来 五期的均值
转移支付竞争	−0.715*** (0.156)	−0.648*** (0.138)	−0.672*** (0.188)	−0.621** (0.295)
第二产业产值占比	−0.266*** (0.034)	−0.215*** (0.031)	−0.148*** (0.032)	−0.018 (0.059)
第三产业产值占比	−0.086** (0.041)	−0.038 (0.039)	−0.087** (0.038)	0.006 (0.072)
金融机构 贷款余额占比	0.021*** (0.005)	0.006 (0.005)	−0.003 (0.006)	0.007 (0.008)
实际使用 外资金额占比	−0.425*** (0.045)	−0.369*** (0.040)	−0.268*** (0.036)	−0.128*** (0.040)
年末城镇登记失业率	−0.005 (0.018)	0.000 (0.016)	0.002 (0.013)	−0.031 (0.023)
高等学校数量	−0.073 (0.262)	−0.037 (0.233)	0.167 (0.230)	0.245 (0.258)
规模以上 工业企业数	1.363*** (0.338)	1.144*** (0.320)	1.359*** (0.331)	0.207 (0.552)
城市人均生产 总值增长率	−0.092*** (0.020)	−0.065*** (0.017)	−0.011 (0.014)	−0.046* (0.024)
常数项	11.074*** (3.470)	8.695*** (3.264)	5.324 (3.392)	2.451 (5.518)
时间固定效应	控制	控制	控制	控制
城市固定效应	控制	控制	控制	控制
N	1833	1568	1033	494
R^2	0.841	0.882	0.943	0.986
F 值	34.348	25.601	12.995	2.849
p 值	0.000	0.000	0.000	0.003

注：第（1）列的因变量为当期每万人专利申请总量。第（2）列的因变量为当期和未来一期每万人专利申请总量的均值。第（3）列的因变量为当期和未来三期每万人专利申请总量的均值。第（4）列的因变量为当期和未来五期每万人专利申请总量的均值。括号内为标准误，*、**和***分别表示在10%、5%和1%的显著性水平上显著。

可以看到，在表 7-1 的第（1）列、第（2）列、第（3）列中，转移支付竞争对每万人专利申请总量的回归系数在 1% 的显著性水平上显著为负。

在第(4)列中,转移支付竞争对每万人专利申请总量的回归系数在5%的显著性水平上显著为负。显然,地方政府转移支付竞争对区域创新的影响显著为负。这表明地方政府转移支付竞争不利于区域创新水平的提升。地方政府转移支付竞争程度越高,区域创新水平越低;地方政府转移支付竞争程度越低,区域创新水平越高。

二、稳健性检验

基准回归结果已证明,地方政府转移支付竞争与区域创新之间存在负向的关系,即地方政府转移支付与地区生产总值的比值相对全国平均水平越低,区域的创新能力越强;地方政府转移支付与地区生产总值的比值相对全国平均水平越高,区域的创新能力越弱。为了检验本章研究内容的稳健性,我们从以下几个方面进行讨论。

第一,通过改变核心解释变量来验证基准回归结果的稳健性。为了排除解释变量的测度问题对结论造成的影响,本章将地方政府转移支付竞争指标的构造方式由"离差式"变换为"比值式",即用城市转移支付除以相应的国内生产总值来衡量地方政府转移支付竞争。"比值式"的回归结果如表7-2中的第(1)列所示,可以看到,将地方政府转移支付竞争指标的构造方式由"离差式"变换为"比值式"以后,地方政府转移支付竞争对区域创新的回归系数在1%的显著性水平上显著为负。

表 7-2 转移支付竞争对区域创新的影响:稳健性检验

变量	(1) 变换解释 变量形式	(2) 每万人发明 专利申请总量	(3) 前后截尾5%	(5) 删掉2008— 2009年的样本
转移支付竞争	-0.261^{***} (0.032)	-0.110^{**} (0.047)	-0.623^{***} (0.124)	-1.024^{***} (0.129)
控制变量	控制	控制	控制	控制
时间固定效应	控制	控制	控制	控制
城市固定效应	控制	控制	控制	控制
N	1844	1833	1299	1664

续表

变量	(1) 变换解释 变量形式	(2) 每万人发明 专利申请总量	(3) 前后截尾5%	(5) 删掉2008— 2009年的样本
R^2	0.846	0.597	0.944	0.888
F值	40.505	8.193	16.375	37.638
P值	0.000	0.000	0.000	0.000

注：第(1)列的核心解释变量为城市转移支付与国内生产总值的比值。第(2)列的因变量为每万人发明专利申请总量。第(3)列为样本前后截尾5%的回归结果。第(4)列为删除了2008—2009年样本数据后的回归结果。控制变量包含第二产业产值占比、第三产业产值占比、金融机构贷款余额占比、实际使用外资金额占比、年末城镇登记失业率、高等学校数量、规模以上工业企业数、城市人均生产总值增长率等。括号内为标准误，*、**和***分别表示在10%、5%和1%的显著性水平上显著。

第二，通过替换被解释变量进行稳健性检验。为了排除变量选择问题对结论造成的影响，本章将被解释变量替换为每万人发明专利申请总量，然后进行回归分析。表7-2中的第(2)列显示了具体的回归结果，可以看到，地方政府转移支付竞争对每万人发明专利申请总量的回归系数在5%的显著性水平上仍然显著为负。

第三，通过改变样本来验证基准回归结果的稳健性。首先，为了排除数据极端值的影响，本章对所使用的样本进行了前后截尾5%的处理，截尾以后重新进行回归，结果如表7-2中的第(3)列所示。其次，为了排除金融危机对结果的影响，本章删除了2008—2009年的样本并重新进行回归，结果如表7-3中的第(4)列所示。可以看到，无论是前后截尾5%，还是用删除2008—2009年数据的样本进行回归，地方政府转移支付竞争对区域创新的回归系数在1%的显著性水平上依然显著为负。

由以上分析可知，无论是上述哪一种检验方法，地方政府转移支付竞争对区域创新都存在显著的负向影响。显然，本章所得出的结论具有很强的稳健性。

三、内生性检验

模型之所以不稳健，其原因可能是模型内存在严重的内生性问题。针对模型存在的内生性问题，本章使用工具变量来解决。本章选取了两个工具变量对模型的内生性问题进行处理。第一，转移支付竞争的滞后项。从时间维度来看,地方转移支付跟一个地区的人口、经济发展状况密切相关,而地区的人口和经济发展状况在短期内很难发生较大的变动,所以地区的转移支付具有相对稳定性,因而将地方转移支付竞争的滞后项作为工具变量进行估计是一种合适的选择。本章将转移支付竞争的滞后一期作为工具变量,表 7-3 反映了运用两阶段最小二乘法进行回归的结果。第一阶段是内生解释变量转移支付竞争对其滞后一期项进行回归,表 7-3 的第(1)列显示了具体结果。根据滞后一期转移支付竞争变量的回归系数的显著性,可知滞后一期转移支付竞争与当期的转移支付竞争高度相关。第二阶段是被解释变量区域创新对第一阶段回归的转移支付竞争的拟合值进行回归,表 7-3 的第(2)列显示了具体结果。根据地区转移支付竞争的回归系数的显著性,可知转移支付竞争对区域创新具有显著的负向影响。

表 7-3　转移支付竞争对区域创新的影响:内生性检验

变量	(1)一阶段回归	(2)二阶段回归	(3)一阶段回归	(4)二阶段回归
转移支付竞争		−1.809***(0.237)		−2.699***(0.637)
L.转移支付竞争	0.589***(0.022)			
城市行政区面积			−4.294***(0.483)	
控制变量	控制	控制	控制	控制
时间固定效应	控制	控制	控制	控制
城市固定效应	控制	控制	控制	控制
N		1405		1670
R^2		0.892		0.280
F 值		34.490		46.040

注:第(1)列、(2)的工具变量为滞后一期转移支付竞争。第(3)列、第(4)列的工具变量为城市行政区面积。控制变量包含第二产业产值占比、第三产业产值占比、金融机构贷款余额占比、实际使用外资金额占比、年末城镇登记失业率、高等学校数量、规模以上工业企业数、城市人均生产总值增长率等。括号内为标准误,*、** 和 *** 分别表示在 10%、5% 和 1% 的显著性水平上显著。

第二,城市行政区面积。一般来说,城市行政区面积越大,中央政府的转移支付会越多,其转移支付竞争行为也会越激烈。因而将城市的行政区面积作为工具变量进行估计也是一种合适的选择。本章将城市的行政区面积作为工具变量,表 7-3 反映了运用两阶段最小二乘法进行回归的结果。第一阶段是内生解释变量转移支付竞争对城市行政区面积进行回归,表 7-3 的第(3)列显示了具体结果。根据城市行政区面积的回归系数的显著性,可知城市行政区面积与转移支付竞争高度相关。第二阶段是被解释变量区域创新对第一阶段回归的转移支付竞争的拟合值进行回归,表 7-3 的第(4)列显示了具体结果。根据地区转移支付竞争的回归系数的显著性,可知在变换工具变量的情况下,转移支付竞争对区域创新同样具有显著的负向影响。

在考虑到各种情况可能产生的内生性问题以后,模型所得到的结论依然与基准回归结果一致。由此可知模型不存在内生性问题。

第五节 机制检验与异质性分析

一、机制检验

通过前文的实证研究,我们已经知道了地方政府转移支付竞争对区域创新的影响为负,即地方政府转移支付水平越高的地区,创新水平越低;地方政府转移支付水平越低的地区,创新水平越高。这种显著的负向作用需要通过某些特定的机制来实现。由前文的理论分析可知,地方政府转移支付竞争行为会影响要素的区域流动,而要素的区域流动又会影响区域创新。为了了解要素流动在地方政府转移支付竞争和区域创新之间的机制作用,本章将分别从劳动力流动视角和资本流动视角出发,对地方政府转移支付竞争影响区域创新的机制进行进一步的检验。

为了更全面地揭示劳动力流动在地方政府转移支付竞争与区域创新之间所发挥的作用,本章将劳动力流动分成普通劳动力流动与技术型劳动力流动进行分析。本章的机制检验思路与第五章一致:先将普通劳动力流动和技术型劳动力流动分别对地方政府转移支付竞争进行回归,以此分析地方政府税收竞争对普通劳动力流动与技术型劳动力流动的影响。随后将每万人专利申请总量分别对普通劳动力流动与技术型劳动力流动进行回归,以此分析普通劳动力流动与技术型劳动力流动对区域创新的影响。具体的回归结果如表 7-4 所示。

表 7-4　转移支付竞争影响区域创新的机制:劳动力流动视角

变量	(1) 普通 劳动力流动	(2) 技术型 劳动力流动	(3) 每万人专利 申请总量	(4) 每万人专利 申请总量
转移支付竞争	−0.333* (0.195)	−0.018 (0.049)		
普通劳动力流动			0.096*** (0.028)	
技术型劳动力流动				0.282*** (0.092)
控制变量	控制	控制	控制	控制
时间固定效应	控制	控制	控制	控制
城市固定效应	控制	控制	控制	控制
N	1425	1583	1422	1579
R^2	0.140	0.368	0.175	0.299
F 值	22.034	73.540	29.528	68.739
p 值	0.000	0.000	0.000	0.000

注:第(1)列的因变量为普通劳动力流动。第(2)列的因变量为技术型劳动力流动。第(3)列的核心解释变量为普通劳动力流动。第(4)列的核心解释变量为技术型劳动力流动。控制变量包含第二产业产值占比、第三产业产值占比、金融机构贷款余额占比、实际使用外资金额占比、年末城镇登记失业率、高等学校数量、规模以上工业企业数、城市人均生产总值增长率等。括号内为标准误,*、** 和 *** 分别表示在 10%、5% 和 1% 的显著性水平上显著。

表 7-4 中的第(1)列与第(2)列分别显示了普通劳动力流动与技术型劳动力流动对转移支付竞争的回归结果。可以看到,普通劳动力流动对地方政府转移支付竞争的回归系数在 10% 的显著性水平上显著为负;技术型劳动力流动对地方政府转移支付竞争的回归系数为负但不显著。这表明地方政府转移支付竞争对普通劳动力流动产生了显著的抑制作用;此外,虽对技术型劳动力流动也产生了一定的抑制作用,但这种作用不明显。表 7-4 的第(3)列与第(4)列则分别反映了每万人专利申请总量对普通劳动力流动与技术型劳动力流动的回归结果。可以看到,每万人专利申请总量对普通劳动力流动的回归系数在 1% 的显著性水平上显著为正;每万人专利申请总量对技术型劳动力流动的回归系数在 1% 的显著性水平上也显著为正。这说明无论是普通劳动力的流入还是技术型劳动力的流入,均能在一定程度上显著地促进区域创新水平的提

高。根据对表 7-4 回归结果的分析,可以得知,对于劳动力流动来说,降低地区转移支付水平的政策或措施会在一定程度上通过促进劳动力的流动来促进区域创新。

同样地,为了更深刻地揭示资本流动在地方政府转移支付竞争与区域创新之间所发挥的作用,本章将资本流动也分成普通资本流动与风险资本流动进行分析。研究方式依然与劳动力流动类似,首先分别将普通资本流动与风险资本流动对地方政府转移支付竞争进行回归,以此研究地方政府转移支付竞争对普通资本流动与风险资本流动的影响。然后将每万人专利申请总量对普通资本流动与风险资本流动分别进行回归,以此研究普通资本流动与风险资本流动对区域创新的影响。回归的具体结果如表 7-5 所示。

表 7-5　转移支付竞争影响区域创新的机制:资本流动视角

变量	(1) 普通 资本流动	(2) 风险 资本流动	(3) 每万人专利 申请总量	(4) 每万人专利 申请总量
转移支付竞争	−0.947 *** (0.133)	0.653 (1.363)		
普通资本流动			0.194 *** (0.028)	
风险资本流动				0.001 (0.003)
控制变量	控制	控制	控制	控制
时间固定效应	控制	控制	控制	控制
城市固定效应	控制	控制	控制	控制
N	1831	1842	1805	1809
R^2	0.882	0.844	0.538	0.837
F 值	14.944	38.117	2.035	30.746
p 值	0.000	0.000	0.032	0.000

注:第(1)列的因变量为普通资本流动。第(2)列的因变量为风险资本流动。第(3)列的核心解释变量为普通资本流动。第(4)列的核心解释变量为风险资本流动。控制变量包含第二产业产值占比、第三产业产值占比、金融机构贷款余额占比、实际使用外资金额占比、年末城镇登记失业率、高等学校数量、规模以上工业企业数、城市人均生产总值增长率等。括号内为标准误,*、** 和 *** 分别表示在 10%、5% 和 1% 的显著性水平上显著。

表 7-5 的第(1)列与第(2)列分别报告了普通资本流动与风险资本流动对地方政府转移支付竞争的回归结果。可以看到,普通资本流动对地方政府转移支付竞争的回归系数在 1% 的显著性水平上显著为负;风

险资本流动对地方政府转移支付竞争的回归系数为正,但不显著。这说明地方政府转移支付竞争对普通资本流动有显著的抑制作用,而对风险资本流动不存在显著的作用。表 7-5 的第(3)列与第(4)列分别显示了每万人专利申请总量对普通资本流动与风险资本流动的回归结果。根据回归结果,可知每万人专利申请总量对普通资本流动的回归系数在1‰的显著性水平上显著为正,每万人专利申请总量对风险资本流动的回归系数为正但不显著。这说明无论是普通资本流入还是风险资本流入,均能促进区域创新水平的提高。根据对表 7-5 回归结果的分析,我们可以知道,对于资本流动来说,降低地区转移支付水平的政策或措施能够通过促进资本的流动来促进区域创新。

二、不同类型转移支付竞争的异质性分析

中国的财政转移支付制度非常复杂,中央政府在向下级政府进行转移支付时,需考虑众多的因素,因而地方政府在争取转移支付时,其会从多方面入手。根据转移支付的一般性分类,转移支付可以分为一般性转移支付、专项转移支付和税收返还。基于此,本章就这三种不同的转移支付竞争类型进行研究。其中,一般性转移支付竞争用地区一般性转移支付收入占地区生产总值的比重减去全国总的一般性转移支付收入占 GDP 的比重之差来衡量;专项转移支付竞争用地区专项转移支付收入占地区生产总值的比重减去全国总的专项转移支付收入占 GDP 的比重之差来衡量;税收返还竞争用地区税收返还收入占地区生产总值的比重减去全国总的税收返还收入占 GDP 的比重之差来衡量。

表 7-6 反映了不同类型转移支付竞争对区域创新的回归结果。可以看到,每万人专利申请总量对一般性转移支付竞争的回归系数在1‰的显著性水平上显著为负;每万人专利申请总量对专项转移支付竞争的回归系数为负但不显著;每万人专利申请总量对税收返还竞争的回归系数在1‰的显著性水平上也显著为负。这表明地方政府的一般性转移支付竞争行为与税收返还竞争行为均会显著地抑制区域创新,专项转移支付竞争行为的影响虽然不显著,但也表现出了抑制作用。从回归系数来看,税收返还竞争的回归系数较大,一般性转移支付竞争的回归系数较小。这说明相对税收返还竞争来说,地方政府的一般性转移支付竞争

对区域创新的抑制作用更大。

表 7-6　转移支付竞争对区域创新的影响：不同类型转移支付竞争视角

变量	(1) 每万人专利申请总量	(2) 每万人专利申请总量	(3) 每万人专利申请总量
一般性转移 支付竞争	−0.420*** (0.154)		
专项转移 支付竞争		−0.083 (0.073)	
税收返还竞争			−113.777*** (29.435)
控制变量	控制	控制	控制
时间固定效应	控制	控制	控制
城市固定效应	控制	控制	控制
N	1844	1844	1833
R^2	0.841	0.840	0.840
F 值	32.950	32.141	33.542
p 值	0.000	0.000	0.000

注：第(1)列的核心解释变量为一般性转移支付竞争。第(2)列的核心解释变量为专项转移支付竞争。第(3)列的核心解释变量为税收返还竞争。控制变量包含第二产业产值占比、第三产业产值占比、金融机构贷款余额占比、实际使用外资金额占比、年末城镇登记失业率、高等学校数量、规模以上工业企业数、城市人均生产总值增长率等。括号内为标准误，*、** 和 *** 分别表示在10%、5%和1%的显著性水平上显著。

第六节　拓展性分析

由前文的分析可知，不同类型的转移支付竞争对区域创新的影响存在差异。在本章中，要素流动是地方政府税收竞争影响区域创新的中介，那么，不同类型的转移支付竞争对要素流动的影响是怎样的呢？本节将就这些问题进行深入探讨。表 7-7 反映了要素流动对一般性转移支付竞争、专项转移支付竞争和税收返还竞争的回归结果。

表7-7　转移支付竞争对要素流动的影响：不同类型转移支付竞争视角

变量	(1) 普通劳动力流动	(2) 技术型劳动力流动	(3) 普通资本流动	(4) 风险资本流动	(5) 普通劳动力流动	(6) 技术型劳动力流动	(7) 普通资本流动	(8) 风险资本流动	(9) 普通劳动力流动	(10) 技术型劳动力流动	(11) 普通资本流动	(12) 风险资本流动
一般性转移支付竞争	−0.575 (0.390)	0.303** (0.127)	−0.472*** (0.135)	1.702 (1.346)								
专项转移支付竞争					0.074 (0.132)	−0.038 (0.043)	−0.059 (0.064)	0.263 (0.634)				
税收返还竞争									48.972 (49.834)	−7.447 (10.896)	151.100*** (25.146)	−181.102 (259.545)
控制变量	控制	控制	控制	控制	控制	控制	控制	控制	控制	控制	控制	控制
时间固定效应	控制	控制	控制	控制	控制	控制	控制	控制	控制	控制	控制	控制
城市固定效应	控制	控制	控制	控制	控制	控制	控制	控制	控制	控制	控制	控制
N	1581	1578	1842	1809	1581	1578	1842	1809	1572	1569	1831	1805
R^2	0.384	0.291	0.886	0.537	0.383	0.288	0.885	0.537	0.503	0.369	0.881	0.538
F值	0.991	3.383	8.640	2.134	0.783	2.827	7.333	1.973	1.061	0.908	13.209	2.064
p值	0.446	0.000	0.000	0.024	0.632	0.003	0.000	0.039	0.389	0.517	0.000	0.030

注：第(1)列至第(4)列的核心解释变量为一般性转移支付竞争。第(5)列至第(8)列的核心解释变量为专项转移支付竞争。第(9)列至第(12)列的核心解释变量为税收返还竞争。第(1)列、第(5)列、第(9)列的因变量为普通型劳动力流动。第(2)列、第(6)列、第(10)列的因变量为技术型劳动力流动。第(3)列、第(7)列、第(11)列的因变量为普通资本流动。第(4)列、第(8)列、第(12)列的因变量为风险资本流动。控制变量包含第二产业产值占比、第三产业产值占比、金融机构贷款余额占比、实际使用外资金额占比、高等学校数量、规模以上工业企业数、城市人均生产总值增长率等。括号内为标准误差。*、**和***分别表示在10%、5%和1%的显著性水平上显著。

143

由表 7-7 的第（1）列至第（4）列可知，一般性转移支付竞争对普通劳动力流动的回归系数为负，但不显著；对技术型劳动力流动的回归系数在 5％的显著性水平上显著为正；对普通资本流动的回归系数在 1％的显著性水平上显著为负；对风险资本流动的回归系数为正，但也不显著。这说明一般性转移支付竞争有利于技术型劳动力的区域流动，但不利于普通资本的区域流动。其原因可能为，一般性转移支付可以弥补地方政府财政支出的不足，让地方政府有充足的财力来争夺人才，但是地方政府的财政支出存在挤出效应，会阻碍普通资本的流动。

由表 7-7 的第（5）列至第（8）列可知，专项转移支付竞争对普通劳动力流动和风险资本流动的回归系数为正，对技术型劳动力流动和普通资本流动的回归系数为负，并且都不显著。这说明专项转移支付竞争不会对区域要素流动产生影响。其原因可能与专项转移支付的性质有关，一般而言，专项转移支付具有专款专用的特性，且大多集中在基础领域，所以专项转移支付不会产生明显的挤出效应。

由表 7-7 的第（9）列至第（12）列可知，税收返还竞争对普通劳动力流动的回归系数为正，对技术型劳动力流动和风险资本流动的回归系数为负，且都不显著；而对普通资本流动的回归系数在 1％的显著性水平上显著为负。这说明，税收返还竞争不利于普通资本的区域流动，并且对其他要素流动的影响不大。其原因为，税收返还是直接返还给企业的，而企业存在明显的"迎合效应"（杨国超和芮萌，2020），这会在一定程度上挤出私人投资，阻碍资本的区域流动。

第七节 本章小结

本章首先建立了关于转移支付竞争与区域创新关系的理论分析框架，揭示政府财政转移支付竞争对区域创新的影响机理。理论分析表明，地方政府转移支付竞争会通过影响区域的劳动力流动（普通劳动力流动与技术型劳动力流动）和资本流动（普通资本流动与风险资本流动），进而影响区域创新。所以，地方政府转移支付竞争对区域创新的实际影响是通过要素流动作用的结果。以理论研究为基础，本章利用

2003—2009 年中国城市层面的数据进行实证检验,研究结果显示:第一,从整体来看,地方政府转移支付竞争对区域创新具有显著的抑制作用,并且通过了稳健性检验及内生性检验。第二,地方政府转移支付竞争阻碍了普通劳动力流动和普通资本流动,但对技术型劳动力流动和风险资本流动的影响不显著。第三,不同类型转移支付竞争对区域创新的影响存在差异。相比专项转移支付竞争,一般性转移支付竞争和税收返还竞争对区域创新具有明显的抑制作用。第四,一般性转移支付竞争有利于技术型劳动力的区域流动,但不利于普通资本的区域流动。第五,专项转移支付竞争不会对区域要素流动(普通劳动力流动、技术型劳动力流动、普通资本流动与风险资本流动)产生影响。第六,税收返还竞争不利于普通资本的区域流动,并且对其他要素流动的影响不大。

第八章 地方政府非税收入竞争、要素流动与区域创新

第一节 引 言

前面所讨论的地方政府财政支出竞争、地方政府税收竞争和地方政府转移支付竞争都属于典型的地方政府财政竞争,而在地方政府财政竞争手段中还存在一种非典型的竞争,即地方政府非税收入竞争。地方政府非税收入竞争是指各地区通过提供不同的非税收优惠、福利来吸引人才和资本,以促进自身经济发展的政府行为。地方政府非税收入竞争是一种非标准化的财政竞争,本章将其称作非典型财政竞争。显然,地方政府非税收入竞争也会影响要素的区域流动。那么,地方政府非税收入竞争是否也会通过影响要素流动进而影响区域创新呢? 本章将就这一问题进行分析。

从现有文献来看,关于非税收入的研究主要集中在经济增长效应和收入分配效应两个方面。从经济增长效应研究的文献来看,白彦锋等(2013)利用向量自回归模型研究发现,非税收入对经济不存在挤出效应,非税收入的发展尚在经济可承受的范围之内。李波和张胜利(2021)研究发现,区域非税收入会显著促进区域经济增长,但区域间的非税收入竞争不利于区域经济增长,并且非税收入及其空间竞争的增长效应存在显著的结构性差异。童锦治等(2013)研究发现,宏观非税收入负担对区域经济增长的影响并不显著,但地区间的非税收入竞争有利于促进经济增长,且影响程度超过税收竞争。

从收入分配效应研究的文献来看,刘寒波等(2008)研究发现,政府

非税收入与经济增长、国民收入之间均存在正向关系，且税收和非税收入不存在明显的替代关系。常兴华和李伟（2009）研究发现，由于政府的制度外收入降低了国民收入再分配格局中的企业收入比重，导致企业在再分配中处于弱势地位。葛玉御和安体富（2014）认为，政府税收必须与财政支出相配合才能有效调节收入分配，而非税收入的运作与公共服务、转移支付等环节的工作密不可分，正确地使用非税收入工具就能有效缩小国民收入分配差距，进而推动社会的健康、平稳发展。马子红等（2019）认为，政府非税收入会对企业部门在国民收入分配中的所得份额形成一定的"挤压"，并相对地提升了政府部门、居民部门在国民收入分配中的所得份额。

除此之外，还有一些学者进行了其他方面的研究，如刘明勋和冯海波（2017）研究发现，非税收入占财政收入的比重越大，政府规模越容易膨胀。王立勇和郭良稳（2023）研究发现，规范非税收入能够提升政府的财政收入能力，强化制度对政府行为的约束力，从而提升政府的财政治理能力，提高财政政策调控的前瞻性、精准性和有效性，从而降低财政政策的波动性。

根据现有文献，可以看出学者对于地方政府非税收入的研究主要集中在经济增长和收入分配两个方面，关于地方政府非税收入竞争与区域创新之间关系的研究还较为缺乏。由李永友和沈玉平（2010）的研究可知，非税收入可以影响区域之间的要素配置。故自主权限更大、监管力度更小、预算约束更软的非税收入必然会成为地方政府争夺稀缺要素的手段。因此，在高质量发展的背景下，研究地方政府非税收入竞争如何通过影响要素流动，进而影响区域创新，对探索、优化我国财政收支体系及实现创新驱动发展具有重要的意义。

鉴于此，本章将就地方政府非税收入竞争与区域创新之间的关系进行研究。具体来说，本章通过建立非税收入竞争与区域创新的理论分析框架来揭示地方政府非税收入竞争对区域创新的影响机制。在理论分析的基础上，利用城市层面的面板数据进行实证分析。本章研究的边际贡献在于：第一，本章以地方政府之间的非税收入竞争行为为研究对象，探讨其通过要素流动影响区域创新的作用效果。这可以为更全面地了解非税收入竞争的经济效应、更好地激励区域创新发展提供新视角。第二,以要素流动为内在机制,考察了地方政府非税收入竞争对中国区域创新的影响。这不仅为更加科学地研究地方政府非税收入竞争提供了有效途径,也为解释区域创新格局的空间演变提供了理论依据。第三,与第五章中的研究类似,本章所研究的要素流动也包含普通劳动力流动、普通资本流动、技术型劳动力流动和风险资本流动。

第二节　影响机理分析

为了更详细地揭示非税收入竞争影响要素流动的理论机制,本章将从劳动力流动和资本流动这两个方面分别进行论述。

关于非税收入竞争对劳动力流动的影响。首先,就普通劳动力来说,工资差异是导致劳动力跨区域流动的根本因素,地区之间的非税收入竞争会影响工资水平,一些地区可以通过提高工资水平来吸引劳动力,影响劳动力的就业选择和流动。此外,地区之间的非税收入竞争也可能影响生活成本。例如,一些地区可以通过提供廉价的住房、便利的交通和其他成本较低的基础设施和文化设施来吸引劳动力,影响劳动力的流动方向。其次,就技术型劳动力流动来说,技术型劳动力往往对生活品质有较高的要求。地区之间的非税收入竞争可通过提供良好的文化活动和休闲设施来吸引技术型劳动力。一方面,地区的非税收入竞争越激烈意味着能够提供更好的企业经营环境。另一方面,创新和科技密集型行业通常需要具有较高技术技能的劳动力。地区之间的非税收入竞争可以通过建设良好的创新生态系统,包括研发中心、孵化器和科技园区,来吸引技术领域的劳动力流入。此外,地区之间的竞争不仅有国内的,还有国际的。一些地区可以通过友好的移民政策、国际化的社会环境等来吸引技术型劳动力。

非税收入竞争对普通资本的区域流动产生的影响涉及多个方面,包括投资环境、企业成本、政府政策等。首先,地区之间的非税收入竞争可能导致出现不同的投资环境,例如,非税收入竞争可以减少官僚主义和提高投资便利性,在这种情况下,普通资本显然更倾向于选择具有良好投资环境的地区。其次,非税收入竞争能够通过减少企业成本来影响资本的流动。非税收入竞争越激烈，政府的各种相关收费就越少，这意味着企业的经营成本更低，而资本在利益的驱动下，也将流向这里。最后，地方政府的政策也是引起资本流动的重要因素。一些地区可能通过实施开放、友好的商业政策来吸引资本。

关于非税收入竞争对风险资本跨区域流动的影响。风险资本主要指投资于初创企业和高风险、高回报项目的资本，如私募股权等。风险投资者通常会更加关注投资环境，包括法规、创业生态系统、政策透明度等。首先，政府可以通过改善投资环境来吸引风险资本，包括简化投资流程、降低法规限制等。其次，地方政府可以通过提供更加友好的法规和政策支持来吸引风险资本，如通过税收激励、创业基金设立等措施来促进创新和风险投资。最后，风险投资者在投资时通常也会考虑地区的人才和技术资源，政府可以通过吸引高素质的人才和提供先进的基础设施来吸引风险资本流入。

关于要素流动影响区域创新的作用机制，前文已进行过详细的分析，本章不再赘述。

由上述的分析可知，地方政府之间的非税收入竞争行为会引起各种流动性要素的跨区域流动，要素的跨区域流动会改变各个地区的资源配置状况，从而影响区域创新的发展。显然，在地方政府非税收入竞争影响区域创新的过程中，要素流动发挥了重要的作用。基于此，本章提出如下假设：地方政府非税收入竞争行为引发的要素流动会影响区域创新。

第三节　研究设计与变量选择

一、变量的测度

(一)创新水平的测度

与前文一致，本章在此也用各个城市的专利申请数量来代表创新水平。城市专利数量的获取方式也与第五章相同，通过国家知识产权局的专利检索数据库,根据专利信息中的邮政编码识别专利所在的城市。在处理数据的时候剔除了人口因素的影响,用城市的每万人专利申请总量来表示城市的创新水平。

(二)地方政府非税收入竞争的测度

关于非税收入竞争的测度,本章认为,非税收入竞争是指各地区通过提供不同的非税收入优惠、福利或其他方式来争夺稀缺资源。地方政府非税收入竞争的程度最终都会通过非税收入的数额反映出来。本章借鉴前文关于转移支付竞争与税收竞争衡量的相关思想,用全国总非税收入占 GDP 的比重减去地区非税收入占地区生产总值的比重之差来衡量非税收入竞争。该指标的值越大说明地方政府参与非税收入竞争的程度越高,该指标的值越小说明地方政府参与非税收入竞争的程度越低。关于非税收入的测度,由于城市层面没有详细的统计数据,因此在本章的研究中用地方财政一般公共预算收入与税收收入之差来表示。

(三)要素流动的测度

与第五章类似,本章也将要素流动也分为劳动力流动与资本流动两类,并且对每一种要素也进行了区分,将劳动力流动分为普通劳动力流动与技术型劳动力流动,将资本流动分为普通资本流动与风险资本流动。

关于普通劳动力流动、技术型劳动力流动、普通资本流动与风险资本流动的测度,其方法与第五章中的一致,此处不再赘述。

二、研究设计

依据前文的理论分析,本章拟通过如下模型来研究非税收入竞争对区域创新的影响效应。

$$\text{Innovation}_{i,t} = \beta_0 + \beta_1 \text{Ntax}_{i,t} + \sum^{j} \beta_j \text{Control}_{i,t} + \delta_i + \mu_t + \varepsilon_{i,t}$$

$$(8\text{-}1)$$

在式(8-1)中,i 表示城市,t 表示年份,Innovation 为城市创新的代理变量,Ntax 为非税收入竞争的代理变量,Control 为影响城市创新的其他因素,δ 和 μ 分别表示地区固定效应和时间固定效应,通过控制地区固定效应和时间固定效应,可以有效地避免地区本身差异和时间趋势对模型估计造成的影响。

关于控制变量的选取,与第六章一致,本章选择产业结构、融资约束、对外开放水平、失业率、普通高等学校数量、规模以上工业企业数、人均财政支出、经济发展水平等作为控制变量。其衡量方式也与第六章中的一致。

三、数据来源

与前文一致,本章各变量的原始数据主要来源于《中国城市统计年鉴》《中国区域经济统计年鉴》、EPS 全球统计数据库和 CEIC 数据库等。本章研究的样本期的起始年份设定为 2005 年,截止年份设定为 2018 年。

第四节　实证结果与分析

一、基本回归结果

根据本章的实证设计思路,表 8-1 反映了全样本条件下非税收入竞争对区域创新所产生的影响。与前文一致,表 8-1 中的第(1)列的被解释变量为当期的每万人专利申请总量,第(2)列的被解释变量为当期和未来一期每万人专利申请总量的均值(两期的平均值),第(3)列的被解释变量为当期和未来三期每万人专利申请总量的均值(四期的平均值),第(4)列的被解释变量为当期和未来五期每万人专利申请总量的均值(六期的平均值)。所有估计方程均加入了控制变量。此外,为了排除不同地区与不同时间的固有差异对估计结果可能造成的影响,表 8-1 中的所有估计方程均控制了地区固定效应与时间固定效应。

表 8-1　基准回归结果:非税收入竞争对区域创新的影响

变量	(1) 当期值	(2) 当期和未来 一期的均值	(3) 当期和未来 三期的均值	(4) 当期和未来 五期的均值
非税收入竞争	50.818*** (18.347)	51.634*** (16.763)	37.705** (15.357)	18.105* (10.492)
第二产业 产值占比	−0.305*** (0.092)	−0.350*** (0.086)	−0.463*** (0.083)	−0.621*** (0.082)
第三产业 产值占比	0.035 (0.109)	−0.018 (0.103)	−0.023 (0.100)	−0.091 (0.096)
金融机构 贷款余额占比	−0.012* (0.007)	−0.008 (0.007)	−0.000 (0.006)	0.008 (0.006)
实际使用 外资金额占比	−1.385*** (0.139)	−1.477*** (0.132)	−1.297*** (0.133)	−1.301*** (0.128)
年末城镇 登记失业率	−0.058 (0.047)	−0.053 (0.042)	−0.041 (0.038)	−0.040 (0.037)
高等学校数量	0.929 (0.717)	0.511 (0.660)	−0.512 (0.625)	−0.008 (0.598)
规模以上 工业企业数	0.965 (0.914)	0.627 (0.866)	−0.278 (0.884)	−0.055 (0.849)
城市人均生产 总值增长率	0.002*** (0.000)	0.003*** (0.000)	0.002*** (0.000)	0.002*** (0.000)
常数项	0.219*** (0.050)	0.226*** (0.045)	0.186*** (0.041)	0.106** (0.043)
时间固定效应	控制	控制	控制	控制
城市固定效应	控制	控制	控制	控制
N	3558	3352	2890	2407
R^2	0.849	0.881	0.903	0.931
F 值	172.252	209.187	148.294	110.512
p 值	0.000	0.000	0.000	0.000

注:第(1)列的因变量为当期每万人专利申请总量。第(2)列的因变量为当期和未来一期每万人专利申请总量的均值。第(3)列的因变量为当期和未来三期每万人专利申请总量的均值。第(4)列的因变量为当期和未来五期每万人专利申请总量的均值。括号内为标准误,*、** 和 *** 分别表示在10%、5%和1%的显著性水平上显著。

可以看出,在表 8-1 的第(1)列、第(2)列中,非税收入竞争对每万人专利申请总量的回归系数在1%的显著性水平上显著为正。在第(3)列中,非税收入竞争对每万人专利申请总量的回归系数在5%的显著性水平上显著为正。在第(4)列中,非税收入竞争对每万人专利申请总量的回归系数在10%的显著性水平上显著为正。综上可知,地方政府非税收入竞争对区域创新的影响显著为正。这表明,地方政府非税收入竞争有利于区域创新水平的提升。地方政府的非税收入越多,区域创新水平越低;地方政府的非税收入越少,区域创新水平越高。

二、稳健性检验

基准回归结果已证明,地方政府非税收入竞争与区域创新之间存在正向的关系,即地方政府的非税收入水平越低,区域的创新能力越强;地方政府的非税收入水平越高,区域的创新能力越弱。接下来,为了检验本章研究内容的稳健性,笔者从以下几个方面进行讨论。

第一,通过改变核心解释变量来验证基准回归结果的稳健性。为了排除因解释变量的测度问题而对结论造成的影响,本章将地方政府非税收入竞争指标的构造方式由"离差式"变换为"比值式",即用全国总非税收入占 GDP 的比重与地区非税收入占地区生产总值的比重的比值来衡量地方政府非税收入竞争。"比值式"的回归结果如表 8-2 中的第(1)列所示,可以看到,将地方政府非税收入竞争指标的构造方式由"离差式"变换为"比值式"以后,地方政府非税收入竞争对区域创新的回归系数在1%的显著性水平上依然显著为正。

表 8-2　非税收入竞争对区域创新的影响:稳健性检验

变量	(1) 变换解释 变量形式	(2) 每万人发明 专利申请总量	(3) 前后截尾 5%	(5) 删掉 2008— 2009 年的样本
非税收入竞争	1.369***	27.413***	85.073**	53.477**
	(0.330)	(7.313)	(42.381)	(22.010)
控制变量	控制	控制	控制	控制
时间固定效应	控制	控制	控制	控制
城市固定效应	控制	控制	控制	控制
N	3558	3558	3206	3024

续表

变量	(1) 变换解释 变量形式	(2) 每万人发明 专利申请总量	(3) 前后截尾5%	(5) 删掉2008— 2009年的样本
R^2	0.662	0.834	0.853	0.853
F 值	623.971	163.131	166.698	137.861
p 值	0.000	0.000	0.000	0.000

注:第(1)列的核心解释变量为全国总非税收入占GDP的比重与地区非税收入占地区生产总值的比重的比值。第(2)列的因变量为每万人发明专利申请总量。第(3)列为样本前后截尾5%的回归结果。第(4)列为删除了2008—2009年数据的样本回归结果。控制变量包含第二产业产值占比、第三产业产值占比、金融机构贷款余额占比、实际使用外资金额占比、年末城镇登记失业率、高等学校数量、规模以上工业企业数、城市人均生产总值增长率等。括号内为标准误,*、**和***分别表示在10%、5%和1%的显著性水平上显著。

第二,通过替换被解释变量进行稳健性检验。为了排除变量选择问题对结论造成的影响,本章将被解释变量替换为每万人发明专利申请总量,然后进行回归分析。表8-2中的第(2)列显示了具体的回归结果,可以看到,地方政府非税收入竞争对每万人发明专利申请总量的回归系数在1%的显著性水平上仍然显著为正。

第三,通过改变样本来验证基准回归结果的稳健性。为了排除数据极端值的影响,本章对所使用的样本进行了前后截尾5%的处理,截尾以后重新进行了回归,结果如表8-2中的第(3)列所示。此外,为了排除金融危机对结果的影响,本章删除了2008—2009年的样本并重新进行回归,结果如表8-2中的第(4)列所示。可以看到,无论是前后截尾5%,还是用删除2008—2009年数据的样本进行回归,地方政府非税收入竞争对区域创新的回归系数在5%的显著性水平上依然显著为正。

由以上分析可知,无论是上述哪一种检验方法,地方政府非税收入竞争对区域创新都存在显著的正向影响。显然,本章所得出的结论具有很强的稳健性。

三、内生性检验

模型之所以不稳健,可能是因为模型内存在严重的内生性问题。与前文一致,本章用工具变量来解决内生性问题。

第一,非税收入竞争的滞后项。从时间维度来看,地方的非税收入跟一个地区的经济发展状况密切相关,而地区的经济发展状况在短期内很难发生较大的变动,所以地区的非税收入具有相对稳定性。因此将地方非税收入竞争的滞后项作为工具变量进行估计是一种合适的选择。与前一章相似,本章将非税收入竞争的滞后一期作为工具变量,表8-3反映了运用两阶段最小二乘法进行回归的结果。第一阶段是内生解释变量非税收入竞争对其滞后一期进行回归,表8-3中的第(1)列显示了具体结果。根据滞后一期非税收入竞争变量的回归系数的显著性,可知滞后一期非税收入竞争与当期的非税收入竞争高度相关。第二阶段是被解释变量区域创新对第一阶段回归的非税收入竞争的拟合值进行回归,第(2)列显示了具体结果。根据地区非税收入竞争变量的回归系数的显著性,可知非税收入竞争对区域创新具有显著的正向影响。

表 8-3　非税收入竞争对区域创新的影响:内生性检验

变量	(1)一阶段回归	(2)二阶段回归	(3)一阶段回归	(4)二阶段回归
非税收入竞争		124.740**(53.705)		2281.980***(823.860)
L.非税收入竞争	0.337***(0.017)			
人均城市行政区面积			0.147***(0.051)	
控制变量	控制	控制	控制	控制
时间固定效应	控制	控制	控制	控制
城市固定效应	控制	控制	控制	控制
N		3288		3558
R^2		0.859		0.280
F 值		60.470		10.880

注:第(1)列、第(2)列的工具变量为滞后一期非税收入竞争。第(3)列、第(4)列的工具变量为人均城市行政区面积。控制变量包含第二产业产值占比、第三产业产值占比、金融机构贷款余额占比、实际使用外资金额占比、年末城镇登记失业率、高等学校数量、规模以上工业企业数、城市人均生产总值增长率等。括号内为标准误,*、** 和 *** 分别表示在10%、5%和1%的显著性水平上显著。

第二,人均城市行政区面积。一般来说,人均城市行政区面积越大,中央政府的转移支付就会越多。因为政府在进行转移支付制度设计时会考虑人口与空间因素，所以将城市的人均行政区面积作为工具变量进行估计也是一种合适的选择。此处将城市人均行政区面积作为工具变量，表8-3反映了运用两阶段最小二乘法进行回归的结果。第一阶段是内生解释变量非税收入竞争对人均城市行政区面积进行回归，表8-3中的第(3)列显示了具体结果。根据人均城市行政区面积变量的回归系数的显著性，可知人均城市行政区面积与非税收入竞争高度相关。第二阶段是被解释变量区域创新对第一阶段回归的非税收入竞争的拟合值进行回归，第(4)列显示了具体结果。根据地区非税收入竞争变量的回归系数的显著性，可知非税收入竞争对区域创新具有显著的正向影响。

可见，在考虑到各种情况可能产生的内生性问题以后，模型替换变量所得到的结论依然与基准回归结果一致。

第五节　机制检验

通过实证研究，我们已经知道了地方政府非税收入竞争对区域创新的影响为正，即地方政府非税收入水平越低的地区的创新水平越高，地方政府非税收入水平越高的地区的创新水平越低。由前文的理论分析可知，地方政府非税收入竞争行为会影响要素的区域流动，而要素的区域流动又会影响区域创新。因此，本章将分别从劳动力流动视角和资本流动视角出发，研究地方政府非税收入竞争对区域创新的作用机制。

与前文一致，本章将劳动力流动分为普通劳动力流动与技术型劳动力流动。我们首先将地方政府非税收入竞争分别对普通劳动力流动与技术型劳动力流动进行回归，以此研究地方政府非税收入竞争对普通劳动力流动与技术型劳动力流动的影响。然后我们将普通劳动力流动与技术型劳动力流动分别对每万人专利申请总量进行回归，以此研究普通劳动力流动与技术型劳动力流动对区域创新的影响。如果地方政府非税收入竞争促进了普通劳动力流动与技术型劳动力流动，而普通劳动力流动与技术型劳动力流动又促进了区域创新，则说明地方政府非税收入竞争通过劳动力的流动促进了区域创新，反之亦然，具体的回归结果如表8-4所示。

表 8-4　非税收入竞争影响区域创新的机制：劳动力流动视角

变量	(1) 普通 劳动力流动	(2) 技术型 劳动力流动	(3) 每万人专利 申请总量	(4) 每万人专利 申请总量
非税收入竞争	12.220 (19.960)	0.467 (3.232)		
普通劳动力流动			0.030* (0.016)	
技术型劳动力流动				0.230** (0.113)
控制变量	控制	控制	控制	控制
时间固定效应	控制	控制	控制	控制
城市固定效应	控制	控制	控制	控制
N	3555	3552	3986	3986
R^2	0.129	0.287	0.294	0.764
F 值	31.730	2.710	157.460	41.044
p 值	0.005	0.008	0.000	0.000

注：第(1)列的因变量为普通劳动力流动。第(2)列的因变量为技术型劳动力流动。第(3)列的核心解释变量为普通劳动力流动。第(4)列的核心解释变量为技术型劳动力流动。控制变量包含第二产业产值占比、第三产业产值占比、金融机构贷款余额占比、实际使用外资金额占比、年末城镇登记失业率、高等学校数量、规模以上工业企业数、城市人均生产总值增长率等。括号内为标准误，*、** 和 *** 分别表示在10％、5％和1％的显著性水平上显著。

从表 8-4 的第(1)列与第(2)列的回归结果可以看出，地方政府非税收入竞争对普通劳动力流动的回归系数为正，对技术型劳动力流动的回归系数也为正，但两者均不显著。这说明地方政府非税收入竞争对技术型劳动力流动和普通劳动力流动的促进作用并不明显。表 8-4 的第(3)列与第(4)列分别反映了每万人专利申请总量对普通劳动力流动与技术型劳动力流动的回归结果。可以看到，每万人专利申请总量对普通劳动力流动的回归系数在 10％ 的显著性水平上显著为正；每万人专利申请总量对技术型劳动力流动的回归系数在 5％ 的显著性水平上显著为正。这说明无论是普通劳动力的流入还是技术型劳动力的流入，均能显著地促进区域创新水平的提高。根据对表 8-4 回归结果的分析，我们可以知道，对于劳动力流动来说，降低地区非税收入竞争会在一定程度上通过促进劳动力的流动来促进区域创新,但效果不明显。

同样地,此处我们进一步研究普通资本流动与风险资本流动。研究方式与前文对劳动力流动的研究类似,首先将地方政府非税收入竞争分别对普通资本流动与风险资本流动进行回归,以此研究地方政府非税收入竞争对普通资本流动与风险资本流动的影响。然后将普通资本流动与风险资本流动分别对每万人专利申请总量进行回归,以此研究普通资本流动与风险资本流动对区域创新的影响。回归的具体结果如表 8-5 所示。

表 8-5　非税收入竞争影响区域创新的机制:资本流动视角

变量	(1) 普通 资本流动	(2) 风险 资本流动	(3) 每万人专利 申请总量	(4) 每万人专利 申请总量
非税收入竞争	21.185* (12.047)	−35.649 (33.891)		
普通资本流动			0.519*** (0.030)	
风险资本流动				0.030*** (0.010)
控制变量	控制	控制	控制	控制
时间固定效应	控制	控制	控制	控制
城市固定效应	控制	控制	控制	控制
N	3558	3488	3485	4177
R^2	0.804	0.656	0.798	0.748
F 值	540.710	6.080	69.445	53.199
p 值	0.000	0.000	0.000	0.000

注:第(1)列的因变量为普通资本流动。第(2)列的因变量为风险资本流动。第(3)列的核心解释变量为普通资本流动。第(4)列的核心解释变量为风险资本流动。控制变量包含第二产业产值占比、第三产业产值占比、金融机构贷款余额占比、实际使用外资金额占比、年末城镇登记失业率、高等学校数量、规模以上工业企业数、城市人均生产总值增长率等。括号内为标准误,*、** 和 *** 分别表示在 10%、5% 和 1% 的显著性水平上显著。

表 8-5 的第(1)列与第(2)列分别显示了非税收入竞争对普通资本流动与风险资本流动的回归结果。可以看到,地方政府非税收入竞争对普通资本流动的回归系数在 10% 的显著性水平下显著为正,对风险资本流动的回归系数为负但不显著。这说明地方政府非税收入竞争对普

通资本流动有显著的抑制作用,而对风险资本流动的作用不显著。表 8-5 中的第(3)列与第(4)列分别反映了普通资本流动与风险资本流动对每万人专利申请总量的回归结果。结果显示,普通资本流动对每万人专利申请总量的回归系数在 1‰ 的显著性水平上显著为正;风险资本的流动对每万人专利申请总量的回归系数在 1‰ 的显著性水平上也显著为正。这说明,无论是普通资本的流入还是风险资本的流入,均能显著地促进区域创新水平的提高。根据对表 8-5 回归结果的分析,我们可以知道,对于资本流动来说,降低地区非税收入竞争会在一定程度上通过显著地促进普通资本的流动来促进区域创新。

本章首先建立了关于非税收入竞争与区域创新之间关系的理论分析框架,揭示了政府非税收入竞争对区域创新的影响机理。理论分析表明,地方政府非税收入竞争会影响区域的劳动力流动(普通劳动力流动与技术型劳动力流动)和资本流动(普通资本流动与风险资本流动),进而影响区域创新。因此地方政府非税收入竞争对区域创新的实际影响是要素流动作用的结果。以理论研究为基础,本章利用中国城市层面的数据进行实证检验,研究结果显示:第一,从整体来看,地方政府非税收入竞争对区域创新具有显著的促进作用,并且通过了稳健性检验及内生性检验。第二,地方政府非税收入竞争虽然促进了普通劳动力流动和技术型劳动力流动,但效果不显著。第三,地方政府非税收入竞争能够显著地促进普通资本流动,进而提升区域创新水平。

第九章 主要结论与政策建议

第一节 主要结论

充分发挥地方政府在优化区域资源配置中的作用是构建各具特色的区域创新体系、实现创新发展的重要基础。本书从地方政府财政竞争的角度出发,以要素流动为机制,研究了其对区域创新的作用。本书认为,地方政府的财政竞争行为所引发的要素流动会对区域创新产生影响。因此,本书先是从理论上分析了地方政府财政竞争、要素流动、区域创新三者之间的逻辑关系;然后对中国的地方政府财政竞争形成的背景及存在性进行了分析和检验;最后利用中国城市层面的数据对地方政府财政竞争、要素流动与区域创新之间的关系进行了实证分析。本书研究得到的主要结论如下。

第一,在利用空间面板计量模型检验我国地方政府财政竞争行为时发现,对于地方政府财政支出竞争行为,在地理相邻的城市、地理空间关联的城市、经济发展状况相似的城市和行政所属一致的城市之间,财政支出行为均存在显著的竞争性。此外,在地理相邻的城市、地理空间关联的城市、经济发展状况相似的城市和行政所属一致的城市之间,社会性支出和非社会性支出均表现出显著的竞争性。在行政所属相同的城市之间,只有社会性支出表现出了显著的竞争性,非社会性支出并没有表现出显著的竞争性。对于地方政府税收竞争行为,在地理相邻的城市、地理空间关联的城市、经济发展状况相似的城市和行政所属一致的城市之间,总税负、增值税税负、企业所得税税负、个人所得税税负均表现出了显著的竞争性。对于地方政府转移支付竞争行为,在地理相邻的城市、地理空间关联的城市、经济发展状况相似的城市和行政所属一致的城市之间,转移支付、一般性转移支付、专项转移支付和税收返还均表现出了显著的竞争性。地方政府非税收入竞争行为在地理相邻的城市、地理空间关联的城市、经济发展状况相似的城市和行政所属一致的城市之间也表现出了显著的竞争性。

第二,笔者利用 2003—2018 年地级市数据研究地方政府财政支出竞争、要素流动与区域创新之间的关系时发现,从整体来看,地方政府财政支出竞争对区域创新具有显著的促进作用,并且通过了稳健性检验及内生性检验。地方政府财政支出竞争对技术型劳动力、普通资本与风险资本的流动的影响显著为正,但对普通劳动力流动的影响不显著。地方政府财政支出竞争通过促进技术型劳动力、普通资本与风险资本的流动,最终对区域创新施加了正向影响。不同类型财政支出竞争对区域创新的影响存在差异,相比非社会性支出竞争,社会性支出竞争对区域创新的促进作用更明显。不同经济发展水平的地区的地方政府财政支出竞争对区域创新的影响具有异质性,经济发达地区的地方政府财政支出竞争对区域创新的影响显著为正,而经济欠发达地区的地方政府财政支出竞争对区域创新的影响不显著。从地方政府财政支出竞争类型来看,社会性支出竞争对要素流动(普通劳动力流动、技术型劳动力流动、普通资本流动与风险资本流动)的促进作用大于非社会性支出竞争。从经济发展水平来看,经济发达地区的财政支出竞争对要素流动普遍具有促进作用,而经济欠发达地区的财政支出对要素流动普遍具有抑制作用(除了技术型劳动力流动)。

第三,笔者利用 2005—2018 年地级市数据研究地方政府税收竞争、要素流动与区域创新之间的关系时发现,整体来看,地方政府税收竞争对区域创新具有显著的促进作用,并且通过了稳健性检验及内生性检验。地方政府税收竞争对普通资本流动的影响显著为正,对普通劳动力流动和技术型劳动力流动的影响不显著,对风险资本流动的影响显著为负;地方政府税收竞争通过促进普通资本流动,最终对区域创新施加了正向影响。地方政府税收竞争对不同类型专利的影响存在差异,地方政府税收竞争只显著地促进了低质量的创新,对高质量创新的促进作用不明显。不同类型税收竞争对区域创新的影响存在差异。相比增值税竞争，企业所得税竞争与个人所得税竞争对区域创新的影响更大。不同经济发展水平的地区的地方政府税收竞争对区域创新的影响具有异质性。经济发达地区的地方政府税收竞争对区域创新的影响显著为正，而经济欠发达地区的地方政府财政支出竞争对区域创新的影响显著为负。从地方政府税收竞争的类型来看，企业所得税竞争与个人所得税竞争对普通资本流动的促进作用比增值税竞争大。从经济发展水平来看，经济发达地区的地方政府税收竞争对资本流动具有促进作用，而经济欠发达地区的地方政府税收竞争对资本流动具有抑制作用。

第四，笔者利用 2003—2009 年地级市数据研究地方政府转移支付竞争、要素流动与区域创新之间的关系时发现，从整体来看，地方政府转移支付竞争对区域创新具有显著的抑制作用，并且通过了稳健性检验及内生性检验。地方政府转移支付竞争显著地阻碍了普通劳动力流动和普通资本流动，而对技术型劳动力流动和风险资本流动的影响不显著。不同类型转移支付竞争对区域创新的影响存在差异。相对专项转移支付竞争而言，一般性转移支付竞争和税收返还竞争对区域创新具有明显的抑制作用。一般性转移支付竞争有利于技术型劳动力的区域流动，但不利于普通资本的区域流动。专项转移支付竞争不会对区域的要素流动产生影响。税收返还竞争不利于普通资本的区域流动，而且对其他要素流动的影响不大。

第五，笔者利用 2005—2018 年地级市数据研究地方政府非税收入竞争、要素流动与区域创新之间的关系时发现，地方政府非税收入竞争对区域创新具有显著的促进作用，并且通过了稳健性检验及内生性检验。地方政府非税收入竞争能够显著地促进普通资本流动，进而提升区域创新水平。地方政府非税收入竞争虽然能促进普通劳动力流动和技术型劳动力流动，但效应不显著。

第二节　政策建议

一、合理划分中央与地方的财权和事权，提高地方政府运行效率

想要提升地方政府财政竞争的区域创新效应，关键是要提高地方政府财政竞争对要素流动的激励作用。现有研究表明，中央与地方的财权和事权划分状况对地方政府的运行效率有着重大的影响，而地方政府财政竞争对要素流动的作用又是地方政府运行效率的重要体现。因此，科学的中央与地方的财权和事权关系对提升地方政府财政竞争的要素流动效益有着重要的作用。然而，从实际情况来看，中国当前的中央与地方的财权和事权关系存在诸多问题，主要表现在：政府职能定位不清，一些本该由中央政府负责的事务由地方政府承担了，且存在公共服务职责严重交叉重叠的问题；地方政府承担过多，却缺乏足够的财力来支撑等。

本书认为应明晰中央与地方的事权。根据财政学的知识，可知稳定经济发展、调节收入分配与实现资源配置是财政最主要的职能。一般来说，由于稳定经济发展职能与调节收入分配职能都要经过全国性的统一决策，所以这两个职能主要是由中央政府来履行。对于资源配置职能，公共产品理论已表明，由于地方政府具有信息优势，所以资源配置职能由地方政府来履行可能会更有效。因此，中央政府应负责宏观调控全国性的公共产品供给、收入再分配等事项，而地方政府应更多地负责地方性公共支出（席小瑾，2018）。具体来说，像国防外交、基础教育、社会保障等公共事务，应由中央负责；而像社会治安、市政交通、农村公路等地域性强的公共事务应划分给地方政府。

此外，依据中央与地方的事权来划分相应的财权。1994 年分税制改革以来，中国地方政府财政收入占总财政收入的比重一直都在 50% 左右，但中国地方政府财政支出占总财政支出的比重由 1994 年的 69.7% 上升到 2020 年的 85.7%。显然，当前中国地方政府的财权与事权明显是不对等的，存在支出责任过多而收入不足的问题。所以本书认

为,在统一税制的前提下,可以赋予地方政府一定的税收立法权,使地方政府拥有完全属于自己的税种收入,在这一方面房产税无疑是当前最好的选择。此外,还可以提高共享税中的地方分享比例,以此缓解地方政府的财政压力。

二、优化财政支出结构,提升财政支出效益

依据第五章的实证分析,在财政支出结构方面,中国社会性支出竞争的各种要素流动效应及区域创新效应普遍比非社会性支出竞争强。然而,从财政支出的现实状况来看,中国地方政府的财政行为一直存在重建设、轻民生的支出偏向,这种支出偏向并不能很好地促进要素的合理流动与高效集聚。近年来,随着财政支出结构优化程度的提高,这种状况出现了一定程度的变化,但中国的社会民生类支出的占比相对发达国家来说依旧较小。

本书认为地方政府应该继续优化财政支出结构,在全部财政支出中增加科技、教育、医疗和环境等社会性支出的比重。根据内生经济增长理论,技术进步和人力资本提升对经济的可持续增长有着重要的作用。而地方政府的科技支出会直接影响当地企事业单位的科研经费投入与科技创新,教育、医疗、社会保障等社会性支出则会影响当地的人力资本水平。在我国逐渐失去人口红利的现阶段,通过提供优质的教育、医疗、社会保障等促进人口的合理流动与高效集聚,同时引导和激发社会的科研创新动力,是我国经济增长方式由要素驱动向创新驱动转变的重要支撑。因此,地方政府的财政预算支出应适当向社会民生类倾斜,以提升财政支出效益,增强区域创新动力。

三、深化税制改革,提升税收政策效力

依据第六章的实证分析,在税收竞争方面,中国的地方政府税收竞争只对普通资本流动具有积极作用,并且创新效应也只作用于低质量的创新。从不同类型的税收竞争来看,中国现有的税收竞争种类的要素流动效应高度相似。一般来说,增值税优惠可能只对资本流动产生影响,而企业所得税优惠和个人所得税优惠还会对劳动力流动产生影响,尤其

是个人所得税优惠,其本身就是为促进劳动力流动而实施的,但本书的实证结果显示,增值税竞争、企业所得税竞争、个人所得税竞争都只对普通资本流动具有积极作用。这一现象说明,中国的税收优惠政策并没有达到理想的效果,相反,它可能为普通资本恶性的逐利行为提供了机会。

本书认为应深化税制改革,切实提高税收政策的效力。首先,应严格控制税收优惠的方向与额度。可以将税收优惠所造成的财政收入损失纳入国家预算,并赋予其与直接预算支出一样的考核程序,这有利于把政府的职责和权力结合起来,减少地方政府行动的盲目性。其次,应调整税收优惠结构,更新优惠形式,使税收优惠起到引导作用。以增值税优惠为例,我们可以利用税收杠杆,以税式支出的形式给予企业优惠,而不是对企业进行直接投入,除此之外,还可利用政策明确规定其所退税款的使用方向,以增强企业自身的造血功能。最后,应加强监督检查,确保正确执行。征税部门应建立健全的减免税登记和会计制度,为减免税政策的制定提供可靠的数据资料。稽查部门要把稽查作为一项重要工作,建立长效机制,一旦发现不按规定行事的,应立即停止其税收优惠甚至追回已减免的税款。

四、加强财政支出绩效管理,提升转移支付效能

依据第七章的实证分析,在转移支付竞争方面,政府转移支付竞争对创新有着显著的负向影响,原因是它阻碍了普通劳动力流动和普通资本流动,并且对技术型劳动力流动和风险资本流动的影响不显著。虽然在中国当前的转移支付体制下,中央政府对地方政府的转移支付更加偏向中西部地区,但是这种偏向型的转移支付并没有减缓人口从欠发达地区向发达地区流动的趋势。

因此,本书认为,为了提高转移支付的效果,首先,中央政府需要强化地方政府财政支出的绩效管理,这包括设立科学的绩效考核标准和优化地方政府财政支出结构。特别是对于一些备受民众青睐的基本公共服务项目,中央政府可以制定具体的均等化标准和实施办法,为地方政府在基本公共服务支出方面提供明确的指导。其次,需要改革现有的财政体制,推进"钱随人走"政策的实施。在公共服务领域,尤其需要增加对人口流入地的教育和医疗的资金投入,确保公共服务均等化。

五、营造良好的营商环境，规范地方政府非税收入

根据第八章的实证分析，在非税收入竞争方面，地方政府非税收入竞争能够显著地促进普通资本流动，进而提升区域创新水平。地方政府非税收入竞争虽然促进了普通劳动力流动和技术型劳动力流动，但效应不显著。这一现象说明，资本的流动对非税收入优惠政策的变化是敏感的，而劳动力的流动对非税收入优惠政策的变化不敏感。

因此，本书认为应进一步深化非税制改革，规范地方政府的非税收入。首先，应简化非税收入的征收程序和手续，提高效率。简便、透明的程序更有利于吸引和促进要素流动。其次，加强政府间的信息共享，确保各级政府都能了解要素流动的实际情况。这有助于更灵活地调整非税收入政策，以适应经济和社会变化。最后，加强法治建设，提高法治水平，确保要素在流动的过程中能够得到法治的保障，从而促进更多要素的流动。

六、完善地方政府激励机制，规范地方政府财政竞争行为

从中国的发展现实来看，地方政府的绩效考核一直是影响地方政府财政竞争的重要因素。在经济发展进入新常态阶段以前，中国地方政府公职人员的考核基本是以地区经济增长速度为标准，谁的 GDP 增长速度快，谁就是"英雄"。在这种考核机制下，地方政府为了发展自身的经济，对稀缺的生产要素进行了低效率的争夺。虽然这种方式对中国以往的经济发展做出了重要贡献，但也给经济发展带来了诸多问题，如环境污染、经济增长动力不足等。在进入新常态阶段后，为了解决以前经济发展所产生的问题，实现经济的可持续增长，中央政府对绩效考核制度进行了改革。在新的考核内容中，中央政府弱化了经济增长相关指标，并将创新、环境质量等一系列指标纳入了考核范围。虽然这种改革在一定程度上规范了地方政府财政竞争行为，但它依然没有完全解决地方政府对生产要素的引导问题。例如，本书研究发现，虽然普通劳动力流动和技术型劳动力流动都能对区域创新产生促进作用，但是地方政府财政支出竞争只对创新效能强的技术型劳动力流动产生了作用，对普通劳动

力流动没有作用。

因此,本书认为应继续完善地方政府的公职人员激励机制,规范地方政府财政竞争行为。例如,政府在设计考核机制时,可以将就业结构、居民福利水平等体现社会公平的相关指标纳入考核范围,统筹兼顾,使地方政府的财政竞争行为能够科学地引导各种要素合理流动,避免地方政府的财政竞争行为只对某种或某几种重要生产要素产生引导作用,进而降低地方政府财政竞争的区域创新效力。

七、因地制宜、精准施策,避免财税政策"一刀切"

中国幅员辽阔、人口众多,各地区的资源禀赋、经济条件存在很大的差异,这也使得财税政策在不同地区的效果大相径庭。本书研究发现,在经济发达的地区,由于其经济总量大,财政收入比较充足,地方政府财政支出竞争和地方政府税收竞争对要素流动与区域创新所表现出来的效应主要为促进作用。而在经济欠发达的地区,由于其经济总量较小,财政收入相对匮乏,地方政府财政支出竞争和地方政府税收竞争对要素流动与区域创新所表现出来的效应则主要为抑制作用。因此,中国的财税政策应做到因地制宜、精准施策,政府应根据地区的经济发展需要和实际状况来制定与实施政策,而不能"一刀切"。

参考文献

Aerts K, Czarnitzki D. Using innovation survey data to evaluate R&D policy: The case of Belgium [J]. Social Science Electronic Publishing, 2004(4-55):1-21.

Aghion P, Howitt P. A model of growth through creative destruction[J]. Econometrica, 1992(2):323-351.

Aghion P, Howitt P. Growth with quality-improving innovations: An integrated framework[J]. Handbook of Economic Growth, 2004 (5):67-110.

Almeida P, Kogut B. Localization of knowledge and the mobility of engineers in regional networks[J]. Management Science, 1999(7): 905-917.

Anselin L, Getis A. Spatial statistical analysis and geographic information systems [J]. The Annals of Regional Science, 1992 (1):19-33.

Arellano M, Bond S. Some tests of specification for panel data: Monte carlo evidence and an application to employment equations[J]. The Review of Economic Studies, 1991(2):277-297.

Arrow K J. Economic welfare and the allocation of resources for innovation[M]. Princeton: Princeton University Press, 1962.

Asheim B T, Isaksen A. Regional innovation systems: The integration of local "sticky" and global "ubiquitous" knowledge[J]. The Journal of Technology Transfer, 2002(1):77-86.

Atanassov J, Nanda V, Seru A. Finance and innovation: The case of publicly traded firms[R]. Ann Arbor: University of Michigan Working Paper, 2003.

Barrios S, Huizinga H, Laeven L. International taxation and multinational firm location decisions[J]. Journal of Public Economics, 2012(11-12):946-958.

Barro R J. Human capital and growth [J]. The American Economic Review, 2001(2):12-17.

Bartel A P. Wages, nonwage job characteristics, and labor mobility[J]. Industrial and Labor Relations Review, 1982(4):578-589.

Băzăvan A. Chinese government's shifting role in the national innovation system[J]. Technological Forecasting and Social Change, 2019(12):1-11.

Benassy-Quere A, Gobalraja N, Trannoy A. Tax and public input competition[J]. Economic Policy, 2007(50):386-430.

Besley T, Case A. Incumbent behavior: Vote seeking tax setting and yardstick competition[J]. American Economic Review, 1995(1):25-45.

Blundell R, Bond S. GMM estimation with persistent panel data: An application to production functions [J]. Econometric Reviews, 1998(3):321-340.

Blundell R, Griffity R, Reenen J V. Dynamic count data models of technological innovation [J]. The Economic Journal, 1995(429):333-344.

Borck R, Caliendo M, Steiner C. Fiscal competition and the composition of public spending: Theory and evidence [J]. FinanzArchiv: Public Finance Analysis, 2007(2):264-277.

Boyreau-Debray G. Financial intermediation and growth: Chinese style [R]. Washington D. C. : World Bank Working Paper, 2003.

Braczyk H J, Cooke P N, Heidenreich M. Regional innovation systems: The role of governance in a globalised world[M]. London: Routledge, 2004.

Brennan G R, Buchanan J M. The power to tax: Analytical foundations of a fiscal constitution[J]. Southern Economic Journal, 1980(2):421-430.

Breton A. Competitive governments: An economic theory of politics and public finance[M]. Cambridge: Cambridge University Press, 1998.

Brueckner J K. Strategic interaction among governments: An overview of empirical studies[J]. International Regional Science Review, 2003(2):175-188.

Brueckner J K. Welfare reform and the race to the bottom: Theory and evidence[J]. Southern Economic Journal, 2000(3):505-525.

Bucovetsky S. Public input competition[J]. Journal of Public Economics, 2005(9-10):1763-1787.

Carlsen F, Langset B, Rattso J. The relationship between firm mobility and tax level: Empirical evidence of fiscal competition between local governments[J]. Journal of Urban Economics, 2005(2):273-288.

Case A C, Rosen H S, Hines J R. Budget spillovers and fiscal policy interdependence: Evidence from the states[J]. Journal of Public Economics, 1993(52):285-307.

Cheung K Y, Lin P. Spillover effects of FDI on innovation in China: Evidence from the provincial data[J]. China Economic Review, 2004(1):25-44.

Chu J, Zheng X P. China's fiscal decentralization and regional economic growth[J]. Japanese Economic Review, 2013(4):537-549.

Cooke P. Regional innovation systems: Competitive regulation in the new Europe[J]. Geoforum, 1992(3):365-382.

Cremer H, Fourgaud V, Leite M, et al. Mobility and redistribution: A survey[J]. Public Finance, 1996(3):325-352.

Cumberland J H. Efficiency and equity in interregional environmental management[J]. Review of Regional Studies, 1981(1):1-9.

Czarnitzki D, Hanel P, Rosa J M. Evaluating the impact of R&D tax credits on innovation: A microeconometric study on Canadian firms [J]. Research Policy,2004(2):217-229.

D'Este P, Rentocchini F, Vega-Jurado J. The role of human capital in lowering the barriers to engaging in innovation: Evidence from the Spanish innovation survey[J]. Industry & Innovation, 2014 (1):1-19.

Dembour C, Wauthy X. Investment in public infrastructure with spillovers and tax competition between contiguous regions[J]. Regional Science and Urban Economics, 2009(6):679-687.

Demurger S. Infrastructure development and economic growth: An explanation for regional disparities in China?[J]. Journal of Comparative Economics, 2001(1):95-117.

Diamond R. The determinants and welfare implication of US workers' diverging location choice by skill: 1980—2000[J]. American Economic Review, 2016(3):479-524.

Dicken P, Lloyd P. Location in space: Theoretical perspective in economic geography[M]. New York: Harper Collins Publishers, 1990.

Dischinger M, Riedel N. Corporate taxes and the location of intangible assets within multinational firms [J]. Journal of Public Economics, 2011(7-8):691-707.

Duguet E. The effect of the incremental R&D tax credit on the private funding of R&D an econometric evaluation on French firm level data[J]. Revue Déconomie Politique, 2012(3):405-435.

Fagerberg J. A technology gap approach to why growth rates differ[J]. Research Policy, 1987(2-4):87-99.

Feldmann H. Government size and unemployment: Evidence from industrial countries[J]. Public Choice, 2006(3):451-467.

Fischer M M. Innovation, knowledge creation and systems of innovation[J]. Analysis of Regional Science, 2001(2):199-216.

Foster-McGregor N, Pöschl J. Productivity effects of knowledge transfers through labor mobility[J]. Journal of Productivity Analysis, 2016(2):169-184.

Freeman C. Technology policy and economic performance: Lessons from Japan[M]. London: Pinter Publisher. 1988.

Getis A, Ord J K. The analysis of spatial association by use of distance statistics[J]. Geographical Analysis, 1992(3):189-206.

Fernandez G E. A note on tax competition in the presence of agglomeration economies[J]. Regional Science and Urban Economics, 2005(6):837-847.

Gorg H, Strobl E. The effect of R&D subsidies on private R&D [J]. Economica, 2007(294):215-234.

Guan C J, Richard C M, Yam C. Effects of government financial incentives on firms' innovation performance in China: Evidences from Beijing in the 1990s[J]. Research Policy, 2015(1):273-282.

Hauptmeier S, Mittermaier F, Rincke J. Fiscal competition over taxes and public inputs[J]. Regional Science and Urban Economics, 2012(3):407-419.

Heise S, Porzio T. Spatial wage gaps and frictional labor markets [R]. New York: FRB of New York Staff Report, 2019.

Heyndels B, Vuchelen J. Tax mimicking among Belgian municipalities[J]. National of Tax Journal, 1998(1):89-101.

Hindriks J, Peralta S, Weber S. Competing in taxes and investment under fiscal equalization[J]. Journal of Public Economics, 2008(12):2392-2402.

Hussinger K. R&D and subsidies at the firm level: An application of parametric and semi-parametric two-step selection models[J]. Public Economics, 2003(6):729-747.

Jeff M K. Capital flows, competition, and profit rate convergence [J]. Journal of Post Keynesian Economics, 1996(2):289-306.

Justman M, Thisse J F, Ypersele T. Fiscal competition and regional differentiation[J]. Regional Science and Urban Economics,

2005(4):848-861.

Keen M, Marchand M. Fiscal competition and the pattern of public spending[J]. Journal of Public Economics, 1996(1):33-53.

King R G, Levine R. Finance, entrepreneurship and growth[J]. Journal of Monetary Economics, 1993(3):513-542.

Koga T. Firm size and R&D tax incentives[J]. Technovation, 2003(7):643-648.

Krugman P. Increasing returns and economic geography [J]. Journal of Political Economy, 1991(3):483-499.

Krugman P. What's new about the new economic geography? [J]. Oxford Review of Economic Policy, 1998(2):7-17.

Lahr M L. Regional science, regional scientists, and state policy [J]. International Regional Science Review, 2009(4):495-508.

Lee C Y. The differential effects of public R&D support on firm R&D: Theory and evidence from multi-country data[J]. Technovation, 2011(5-6): 256-269.

Lewis W A. The theory of economic growth[M]. Southampton: CRC Press, 1955.

Lin J Y, Liu Z. Fiscal decentralization and economic growth in China[J]. Economic Development and Cultural Change, 2000(1):1-21.

Lintner J, Stigler G J. Capital and rates of return in manufacturing industries[J]. The Journal of Finance, 1964(3):565-571.

Lokshin B, Mohnen P. Do R&D tax incentives lead to higher wages for R&D workers? Evidence from the Netherlands[J]. Research Policy, 2013(3):823-830.

Lozachmeur J M. Fiscal competition, labor mobility, and unemployment[J]. FinanzArchiv: Public Finance Analysis, 2002(2): 212-226.

Lucas R. On the mechanics of economic development[J]. Journal of Monetary Economics, 1988(1):3-39.

Marrewijk V C, Stibora J, Devaal A, et al. Producer services, comparative advantage, and international trade patterns[J]. Journal of International Economics, 1997(1-2):195-220.

Martin P. Public policies, regional inequalities and growth[J]. Journal of Public Economics, 1999(1):85-105.

Marvel M R, Lumpkin G T. Technology entrepreneurs' human capital and its effects on innovation radicalness[J]. Entrepreneurship Theory and Practice, 2007(6):807-828.

Mincer J, Jovanovic B. Labor mobility and wages[R]. New York: National Bureau of Economic Research Working Paper, 1979.

Mintz J, Tulkens H. Commodity tax competition between member states of a federation: Equilibrium and efficiency[J]. Journal of Public Economics, 1986(2):133-172.

Mitchell O S. Fringe benefits and labor mobility[J]. The Journal of Human Resources, 1982(2):286-298.

Musgrave R A. The theory of public finance: A study in public economy[J]. Journal of Political Economy, 1959(1):213-231.

Nelson R R. The simple economics of basic scientific research[J]. Journal of Political Economics, 1959(3):297-306.

Nelson R. National innovation systems: A comparative analysis [M]. Oxford: Oxford University Press, 1993.

Oates W. Fiscal competition and European Union: Contrasting perspectives [J]. Regional Science and Urban Economics, 2001 (2):133-145.

Oates W. Fiscal federalism [M]. New York: Harcourt Brace Jovanovich, 1972.

Ottaviano I P, Peri G. The economic value of cultural diversity: Evidence from US cities[J]. Journal of Economic Geography, 2006(1): 9-44.

Peck J. Struggling with the creative class [J]. International Journal of Urban and Regional Research, 2010(4):740-770.

Peri G. The effect of immigration on productivity: Evidence from

US states[J]. Review of Economics and Statistics, 2012(1):348-358.

Pieretti P, Zanaj S. On tax competition, public goods provision and jurisdictions' size[J]. Journal of International Economics, 2011 (1):124-130.

Qian Y Y, Roland G. Federalism and the soft budget constraint [J]. American Economic Review,1998(5):1143-1162.

Romer P M. Endogenous technological change[J]. Journal of Political Economy, 1990(5):71-82.

Saint-Paul G. Technological choice, financial markets and economic development[J]. European Economic Review, 1992(4): 763-781.

Sedgley N, Elmslie B. Do we still need cities? Evidence on rates of innovation from count data models of metropolitan statistical area patents[J]. American Journal of Economics and Sociology, 2011(1): 86-108.

Sedmihradsky M, Klazar S. Tax competition for FDI in Central-European countries[J]. Social Secience Electronic Publishing, 2002 (2):24-33.

Sharma A, Pal R. Nash equilibrium in tax and public investment competition[J]. International Review of Economics & Finance, 2019 (8):106-120.

Solomon T. Financial architecture and economic performance: International evidence[J]. Journal of Financial Intermediation, 2002 (4):429-454.

Solow R M. Technical change and the aggregate production function[J]. Review of Economics and Statistics, 1957(3):312-320.

Stigler G. The tenable range of functions of local government in joint economic committee, U. S. congress, federal expenditure policy for economic growth and stability[M]. Washington: Government Printing Office, 1957.

Taylor L. Infrastructure competition among jurisdictions[J].

Journal of Public Economics，1992(2)：241-259.

Tiebout C M. A pure theory of local expenditures[J]. Journal of Political Economy，1956(5)：416-424.

Webber M. Rates of profit and interregional flows of capital[J]. Annals of the Association of American Geographers，1987(1)：63-75.

Weingast B R. The economic role of political institutions：Market-preserving federalism and economic development[J]. Journal of Law Economics and Organisation，1995(1)：1-31.

Wellisch D. Theory of public finance in a federal state[M]. Cambridge：Cambridge University Press，2000.

Wildasin D E. Fiscal competition for imperfectly-mobile labor and capital：A comparative dynamic analysis[J]. Journal of Public Economics，2011(11-12)：1312-1321.

Wildasin D E. Fiscal competition：An introduction[J]. Journal of Public Economic Theory，2010(2)：169-176.

Wildasin D E. Income redistribution in a common labor market [J]. American Economic Review，1991(1)：757-774.

Wildasin D E. Labor-market integration，investment in risky human capital，and fiscal competition[J]. American Economic Review，2000(1)：73-95.

Wildasin D E. Nash equilibria in models of fiscal competition[J]. Journal of Public Economics，1988(2)：229-240.

Wilson J D，Wildasin D E. Capital tax competition：Bane or boon [J]. Journal of Public Economics，2004(6)：1065-1091.

Wilson J D，Gordon R H. Expenditure competition[J]. Journal of Public Economic Theory，2003(2)：399-417.

Wilson J D. A theory of interregional tax competition[J]. Journal of Urban Economics，1986(3)：296-315.

Wuyts S，Dutta S. Benefiting from alliance portfolio diversity：The role of past internal knowledge creation strategy[J]. Journal of Management，2014(6)：1653-1674.

Zhou K，Zhou B，Yu M. The impacts of fiscal decentralization on environmental innovation in China[J]. Growth and Change，2020（4）：1690-1671.

Zimmermann K F. Labor mobility and the integration of European labor markets[EB/OL].（2009-07-09）[2021-08-07]. https：//www. econstor. eu/handle/10419/35659.

Zodrow G R，Mieszkowski P. Pigou，Tiebout，property taxation，and the underprovision of local public goods[J]. Journal of Urban Economics，1986（3）:356-370.

白俊红，蒋伏心. 协同创新、空间关联与区域创新绩效[J]. 经济研究,2015(7):174-187.

白俊红，王钺,蒋伏心,等. 研发要素流动、空间知识溢出与经济增长[J]. 经济研究,2017(7):109-123.

白俊红，王钺. 研发要素的区际流动是否促进了创新效率的提升[J]. 中国科技论坛,2015(12):27-32.

白旭云，王砚羽,苏欣. 研发补贴还是税收激励——政府干预对企业创新绩效和创新质量的影响[J]. 科研管理,2019(6):9-18.

白彦锋，王婕,彭雯雯. 非税收入与税收、经济增长的动态关系分析[J]. 税收经济研究,2013(1):56-64.

柏培文，张伯超. 工资差异与劳动力流动对经济的影响——以上市公司行业结构和产出为视角[J]. 中国人口科学,2016(2):47-60,127.

卞元超，白俊红. "为增长而竞争"与"为创新而竞争"——财政分权对技术创新影响的一种新解释[J]. 财政研究,2017(10):43-53.

卞元超，吴利华,白俊红. 财政科技支出竞争是否促进了区域创新绩效提升？——基于研发要素流动的视角[J]. 财政研究,2020(1):45-58.

卞元超，吴利华,白俊红. 高铁开通是否促进了区域创新?[J]. 金融研究,2019(6):132-149.

才国伟，钱金保. 中国地方政府的财政支出与财政效率竞争[J]. 统计研究,2011(10):36-46.

蔡玉蓉，汪慧玲. 创新投入对产业结构升级的影响机制研究——基于分位数回归的分析[J]. 经济问题探索,2018(1):138-146.

曹芳芳，程杰，武拉平，等.劳动力流动推进了中国产业升级吗？——来自地级市的经验证据[J].产业经济研究，2020（1）：57-70，127.

常兴华，李伟.从国际视角看我国的国民收入分配格局[J].中国经贸导刊，2009（21）：29-30.

陈红，张玉，刘东霞.政府补助、税收优惠与企业创新绩效——不同生命周期阶段的实证研究[J].南开管理评论，2019（3）：187-200.

陈劲，柳卸林.自主创新与国家强盛[M].北京：科学出版社，2008.

陈淑云，杨建坤.人口集聚能促进区域技术创新吗——对2005—2014年省级面板数据的实证研究[J].科技进步与对策，2017（5）：45-51.

陈思，何文龙，张然.风险投资与企业创新：影响和潜在机制[J].管理世界，2017（1）：158-169.

陈思霞，田丹.均衡性转移支付与公共服务供给效率——基于中国地市一级的经验证据[J].华中农业大学学报（社会科学版），2013（3）：139-146.

陈晓迅，夏海勇.我国劳动力流动对迁出地经济发展的影响——基于人才获得理论的考察[J].南京社会科学，2012（11）：29-35.

崔泽田，李庆杨.马克思科技创新驱动生产力发展思想及其当代价值[J].理论月刊，2015（5）：12-16，32.

笪远瑶，王叶军.要素价格扭曲、资本深化与区域创新选择[J].经济问题探索，2022（5）：89-108.

邓慧慧，虞义华.税收竞争、地方政府策略互动行为与招商引资[J].浙江社会科学，2017（1）：28-35，155-156.

邓明.财政支出、支出竞争与中国地区经济增长效率[J].财贸经济，2013（10）：27-37.

邓翔，朱海华，路征.劳动力流动与工资收入差距：理论和实证分析[J].人口研究，2018（4）：39-50.

董理，张启春.我国地方政府公共支出规模对人口迁移的影响——基于动态空间面板模型的实证研究[J].财贸经济，2014（12）：40-50.

范柏乃，陈玉龙.浙江省县级政府间财政支出竞争及其影响因素[J].经济地理，2014（8）：40-46.

方磊,赵紫剑.财政补贴政策对区域技术创新的门槛效应研究[J].经济问题,2020(9):54-61.

冯海波,刘胜.所得课税、风险分担异质性与创新[J].中国工业经济,2017(8):138-155.

傅家骥.技术创新学[M].北京:清华大学出版社,1998.

傅勇,张晏.中国式分权与财政支出结构偏向:为增长而竞争的代价[J].管理世界,2007(3):4-12,22.

葛玉御,安体富.税收如何影响收入分配:文献述评[J].经济研究参考,2014(56):56-68.

顾新.区域创新系统的内涵与特征[J].同济大学学报(社会科学版),2001(6):32-37.

郭栋,胡业飞.地方政府竞争:一个文献综述[J].公共行政评论,2019(3):156-173,193-194.

郭国峰,温军伟,孙保营.技术创新能力的影响因素分析——基于中部六省面板数据的实证研究[J].数量经济技术经济研究,2007(9):134-143.

郭杰,李涛.中国地方政府间税收竞争研究——基于中国省级面板数据的经验证据[J].管理世界,2009(11):54-64,73.

郭庆旺,贾俊雪.地方政府间策略互动行为、财政支出竞争与地区经济增长[J].管理世界,2009(10):17-27,187.

郭庆旺,贾俊雪.中央财政转移支付与地方公共服务提供[J].世界经济,2008(9):74-84.

郭泉恩.区域创新的时空演变及其对收入差距的影响[D].上海:华东师范大学,2017.

国家中长期科学和技术发展规划纲要(2006—2020年)[EB/OL].(2006-02-09)[2020-08-12].https://www.gov.cn/jrzg/2006-02/09/content_183787.htm.

何炜.公共服务提供对劳动力流入地选择的影响——基于异质性劳动力视角[J].财政研究,2020(3):101-118.

何炜.教育差异、公共服务提供与劳动力定居意愿[J].经济科学,2020(4):84-96.

胡斌,毛艳华.转移支付改革对基本公共服务均等化的影响[J].经济学家,2018(3):63-72.

胡凯,吴清.省际资本流动的制度经济学分析[J].数量经济技术经济研究,2012(10):20-36,51.

胡仙芝,马静.经济增长动能抑或政治晋升比拼——当代中国地方政府竞争状况问卷调查分析报告[J].人民论坛,2010(15):12-15.

贾俊雪,张超,秦聪,等.纵向财政失衡、政治晋升与土地财政[J].中国软科学,2016(9):144-155.

景维民,张璐.环境管制、对外开放与中国工业的绿色技术进步[J].经济研究,2014(9):34-47.

鞠晓生,卢荻,虞义华.融资约束、营运资本管理与企业创新可持续性[J].经济研究,2013(1):4-16.

凯恩斯.就业利息和货币通论[M].徐毓枬,译.北京:商务印书馆,1983.

李波,张胜利.我国地方政府非税收入竞争的增长效应研究——基于空间杜宾模型的经验分析[J].商业研究,2021(1):32-42.

李承怡.预算软约束下地方政府财政支出竞争策略的空间经济效应[J].经济地理,2019(9):24-30.

李齐云,伍文中.政府间财政支出竞争性多标准检验及效应传导——兼析财政支出竞争的地区差异效应[J].经济与管理研究,2011(1):39-49.

李群,赵嵩正.资源流动机制与区域经济发展探析[J].财贸经济,2005(6):61-65.

李伟庆,聂献忠.产业升级与自主创新:机理分析与实证研究[J].科学学研究,2015(7):1008-1016.

李晓龙,冉光和.中国金融抑制、资本扭曲与技术创新效率[J].经济科学,2018(2):60-74.

李晓钟,张小蒂.江浙基于FDI提高区域技术创新能力的比较[J].中国工业经济,2007(12):102-109.

李彦龙.税收优惠政策与高技术产业创新效率[J].数量经济技术经济研究,2018(1):60-76.

李永友,沈玉平.财政收入垂直分配关系及其均衡增长效应[J].中国社会科学,2010(6):108-124,222-223.

李永友.转移支付与地方政府间财政竞争[J].中国社会科学,2015(10):114-133,206.

李政,杨思莹,何彬.FDI抑制还是提升了中国区域创新效率?——基于省际空间面板模型的分析[J].经济管理,2017(4):6-19.

李政,杨思莹.财政分权、政府创新偏好与区域创新效率[J].管理世界,2018(12):29-42,110,193-194.

梁河.地方政府财政竞争的生产要素空间配置效应研究[D].哈尔滨:哈尔滨工业大学,2015.

凌峰,戚湧,石志岩.区域科技资源市场化配置机理与江苏创新驱动发展建议[J].科技管理研究,2016(18):68-74.

刘备,王林辉.创新要素空间流动对区域创新能力的影响:外地吸引与本地依赖[J].求是学刊,2020(5):66-75,181.

刘波,李娜,彭瑾,等.地方政府治理[M].北京:清华大学出版社,2015.

刘凤朝.国家创新能力测度方法及其应用[M].北京:科学出版社,2009.

刘寒波,李晶,姚兴伍.税收、非税收入与经济增长关系的实证分析[J].财政研究,2008(9):16-18.

刘明勋,冯海波.非税收入会影响政府规模吗?[J].产经评论,2017(1):134-144.

刘穷志.税收竞争、资本外流与投资环境改善——经济增长与收入公平分配并行路径研究[J].经济研究,2017(3):61-75.

刘泰洪.财政分权和职位晋升:地方政府竞争的制度逻辑[J].学习论坛,2013(1):55-58.

刘长庚,巫骥.中央财政转移支付对中国区域协调发展的促进效应[J].经济地理,2023(2):10-21.

龙小宁,朱艳丽,蔡伟贤,等.基于空间计量模型的中国县级政府间税收竞争的实证分析[J].经济研究,2014(8):41-53.

卢馨.企业人力资本、R&D与自主创新——基于高新技术上市企业的经验证据[J].暨南学报(哲学社会科学版),2013(1):104-117,163.

鲁元平,张克中,欧阳洁.土地财政阻碍了区域技术创新吗?——基于267个地级市面板数据的实证检验[J].金融研究,2018(5):101-119.

陆军,杨志勇.中国地方财税竞争与异质偏好劳动力的空间流动——以京津冀大都市区为例[J].财经研究,2010(9):4-14.

陆铭,陈钊.论中国区域经济发展的两大因素和两种力量[J].云南大学学报(社会科学版),2005(4):27-38,69-95.

吕海萍.创新要素空间流动及其对区域创新绩效的影响研究[D].杭州:浙江工业大学,2019.

马嘉楠,周振华.地方政府财政科技补贴、企业创新投入与区域创新活力[J].上海经济研究,2018(2):53-60,99.

马克思,恩格斯.马克思恩格斯全集(第四十卷)[M].中共中央马克思恩格斯列宁斯大林著作编译局,译.北京:人民出版社,1982.

马子红,余志鹏,陈婕.政府非税收入是否影响国民收入分配格局?——基于中国省级动态面板数据的实证分析[J].华东经济管理,2019(11):62-71.

齐亚伟,陶长琪.环境约束下要素集聚对区域创新能力的影响——基于GWR模型的实证分析[J].科研管理,2014(9):17-24.

任胜钢,关涛.区域创新系统内涵、研究框架探讨[J].软科学,2006(4):90-94.

任晓红,张宗益,余元全.中国省际资本流动影响因素的实证分析[J].经济问题,2011(1):31-35.

邵汉华,钟琪.研发要素空间流动与区域协同创新效率[J].软科学,2018(11):120-123,129.

邵明伟,钟军委,张祥建.地方政府竞争:税负水平与空间集聚的内生性研究——基于2000—2011年中国省域面板数据的空间联立方程模型[J].财经研究,2015(6):58-69.

沈坤荣,付文林.税收竞争、地区博弈及其增长绩效[J].经济研究,2006(6):16-26.

石大千,杨咏文.FDI与企业创新:溢出还是挤出?[J].世界经济研究,2018(9):120-134,137.

斯密.国富论[M].唐日松,等译.北京:华夏出版社,2005.

苏屹,安晓丽,王心焕,等.人力资本投入对区域创新绩效的影响研究——基于知识产权保护制度门限回归[J].科学学研究,2017(5):1003-2053.

孙文浩,张益丰.城市抢"人"大战有利于地区新旧动能转换吗?[J].科学学研究,2019(7):1220-1230.

孙玉梅.地区间工资收入差距与劳动力流动[J].中国人力资源社会保障,2019(9):33-35.

覃成林,江嘉琳.风险资本非随机空间扩散机制研究[J].经济与管理评论,2021(2):38-50.

唐飞鹏.地方税收竞争、企业利润与门槛效应[J].中国工业经济,2017(7):99-117.

唐飞鹏.省际财政竞争、政府治理能力与企业迁移[J].世界经济,2016(10):53-77.

唐志军,刘友金,谌莹.地方政府竞争、投资冲动和我国宏观经济波动研究[J].当代财经,2011(8):8-18.

田彬彬,谷雨.转移支付与地方政府税收努力——基于断点回归设计的再考察[J].厦门大学学报(哲学社会科学版),2023(3):29-40.

佟新华,孙丽环.中国省际劳动力流动的主要影响因素分析[J].吉林大学社会科学学报,2014(5):65-72,173.

童锦治,李星,王佳杰.非税收入、非税竞争与区域经济增长——基于2000—2010年省级空间面板数据的实证研究[J].财贸研究,2013(6):70-77.

汪澄清.马克思主义与熊彼特创新思想之比较[J].马克思主义与现实,2001(3):6-10.

王凤荣,苗妙.税收竞争、区域环境与资本跨区流动——基于企业异地并购视角的实证研究[J].经济研究,2015(2):16-30.

王缉慈,等.创新的空间[M].北京:北京大学出版社,2001.

王立勇,郭良稳.非税收入规范与财政政策波动性——以中国财政电子票据管理改革为准实验[J].财政研究,2023(7):99-114.

王丽娟.人口流动与财政竞争——基于财政分区和户口政策的比较

视角[J].中央财经大学学报,2010(3):17-21.

王丽艳,马光荣.帆随风动、人随财走?——财政转移支付对人口流动的影响[J].金融研究,2017(10):18-34.

王林辉,曹章露,谭玉松.研发资本流动、机器设备投资与创新集聚效应:四大经济区的对比检验[J].东南大学学报(哲学社会科学版),2021(2):91-104,147-148.

王鲁宁,何杨.所得税税负、生产要素流动与区域经济增长[J].中央财经大学学报,2014(6):3-10.

王美今,林建浩,余壮雄.中国地方政府财政竞争行为特性识别:"兄弟竞争"与"父子争议"是否并存?[J].管理世界,2010(3):22-31,187-188.

王守坤,任保平.中国省级政府间财政竞争效应的识别与解析:1978—2006年[J].管理世界,2008(11):32-43,187.

王守坤.中国各省区资本流动能力再检验:基于广义空间计量模型的分析[J].经济评论,2014(4):68-84.

王伟,孙雷.区域创新系统与产业转型耦合协调度分析——以铜陵市为例[J].地理科学,2016(2):204-212.

王文甫,王召卿,郭柃沂.转移支付宏观经济效应的区域差异性研究[J].当代经济科学,2020(6):38-49.

王曦,杨扬,余壮雄,等.中央投资对中国区域资本流动的影响[J].中国工业经济,2014(4):5-18.

王永钦.吹响向科学进军的号角——1956年全国知识分子问题会议[J].党史纵横,1999(4):39-41,47.

王有兴,杨晓妹.公共服务与劳动力流动——基于个体及家庭异质性视角的分析[J].广东财经大学学报,2018(4):62-74.

王钺.研发要素流动是否促进了区域创新质量的空间收敛——基于城市舒适性的视角[J].北京理工大学学报(社会科学版),2021(3):62-70.

魏后凯.现代区域经济学[M].北京:经济管理出版社,2006.

巫强,朱姝,安修伯.中国劳动力流动存在省际边界壁垒吗?——基于暂住证数据的实证研究[J].中国经济问题,2016(6):3-13.

吴柏钧,曹志伟.转移支付与地方政府引资竞争[J].上海经济研究,2021(6):118-128.

吴非,杜金岷,李华民.财政科技投入、地方政府行为与区域创新异质性[J].财政研究,2017(11):60-74.

吴非,杨贤宏,龙晓旋,等.地方税收真的会抑制区域创新吗?——基于政府行为视角下的非线性门槛效应研究[J].经济评论,2018(4):84-100,145.

吴强.税收竞争理论综述[J].经济评论,2009(5):153-160.

吴延兵.财政分权促进技术创新吗?[J].当代经济科学,2019(3):13-25.

伍文中.财政支出竞争存在性检验——基于变异系数的分析[J].财经论丛,2010(5):25-30.

席小瑾.我国地方政府财政支出竞争的经济增长效应及其效率损失研究[D].西安:西北大学,2018.

夏怡然,陆铭.城市间的"孟母三迁"——公共服务影响劳动力流向的经验研究[J].管理世界,2015(10):78-90.

肖叶,邱磊,刘小兵.地方政府竞争、财政支出偏向与区域技术创新[J].经济管理,2019(7):20-35.

肖叶.财政支出竞争、城投债发行与城市经济增长——基于财政支出压力视角[J].中南财经政法大学学报,2019(3):64-75,159.

谢勒.技术创新:经济增长的原动力[M].姚贤涛,王倩,译.北京:新华出版社,2001.

谢欣,李建军.地方税收竞争与经济增长关系实证研究[J].财政研究,2011(1):65-67.

谢贞发,范子英.中国式分税制、中央税收征管权集中与税收竞争[J].经济研究,2015(4):92-106.

熊彼特.经济发展理论[M].何畏,易家详,张军扩,等译.北京:商务印书馆,1990.

熊维勤.税收和补贴政策对R&D效率和规模的影响——理论与实证研究[J].科学学研究,2011(5):698-706.

杨朝峰,赵志耘,许治.区域创新能力与经济收敛实证研究[J].中国软科学,2015(1):88-95.

　　杨国超,芮萌.高新技术企业税收减免政策的激励效应与迎合效应[J].经济研究,2020(9):174-191.

　　杨杰.财政分权、贸易不平衡与区域间资本流动[J].区域金融研究,2014(11):82-88.

　　杨龙见,尹恒.中国县级政府税收竞争研究[J].统计研究,2014(6):42-49.

　　杨倩.人口迁移与区域创新的互动关系研究——基于联立方程模型[J].西北人口,2015(5):20-25.

　　杨省贵,顾新.区域创新体系间创新要素流动研究[J].科技进步与对策,2011(23):60-64.

　　杨思莹.政府在创新驱动发展中的职能与行为研究[D].长春:吉林大学,2019.

　　叶德珠,潘爽,武文杰,等.距离、可达性与创新——高铁开通影响城市创新的最优作用半径研究[J].财贸经济,2020(2):146-161.

　　伊特韦尔,米尔盖特,纽曼,等.新帕尔格雷夫经济学大辞典.第2卷[M].陈岱孙,等译.北京:经济科学出版社,2006.

　　殷强,冯辉.中国式财政分权、辖区竞争与地方政府投资——基于省级面板数据的分析[J].经济经纬,2019(5):143-150.

　　余泳泽,张少辉,杨晓章.税收负担与"大众创业、万众创新"——来自跨国的经验证据[J].经济管理,2017(6):162-177.

　　余泳泽,张先轸.要素禀赋、适宜性创新模式选择与全要素生产率提升[J].管理世界,2015(9):13-31,187.

　　张萃.什么使城市更有利于创业?[J].经济研究,2018(4):151-166.

　　张萃.外来人力资本、文化多样性与中国城市创新[J].世界经济,2019(11):172-192.

　　张海峰.人力资本集聚与区域创新绩效——基于浙江的实证研究[J].浙江社会科学,2016(2):103-108,158-159,2.

　　张恒龙,陈宪.财政竞争对地方公共支出结构的影响——以中国的招商引资竞争为例[J].经济社会体制比较,2006(6):57-64.

　　张军.分权与增长:中国的故事[J].经济学(季刊),2008(1):21-52.

张梁梁,杨俊.地方政府财政竞争行为如何影响省际资本流动[J].当代财经,2017(5):24-33.

张明源.基建投资、转移支付与资源空间错配——基于多区域一般均衡框架的讨论[J].经济与管理,2023(2):30-40.

张铭洪,卢晓军,陈璐.财政支出竞争对经济影响的门限效应研究——基于中国省级面板数据的检验[J].华东经济管理,2015(2):5-10.

张平,张鹏鹏.房价、劳动力异质性与产业结构升级[J].当代经济科学,2016(2):87-93,127.

张维迎.博弈论与信息经济学[M].上海:上海人民出版社,2004.

张晏,夏纪军,张文瑾.自上而下的标尺竞争与中国省级政府公共支出溢出效应差异[J].浙江社会科学,2010(12):20-26,74,125.

张振刚,林春培,薛捷.区域创新系统(RIS)内的知识转移研究[J].科技进步与对策,2011(19):36-39.

赵文哲,杨其静,周业安.不平等厌恶性、财政竞争和地方政府财政赤字膨胀关系研究[J].管理世界,2010(1):44-53,187-188.

赵彦云,刘思明.中国专利对经济增长方式影响的实证研究:1988—2008年[J].数量经济技术经济研究,2011(4):34-48,81.

钟军委,万道侠.地方政府竞争、资本流动及其空间配置效率[J].经济经纬,2018(4):141-149.

钟晓敏.市场化改革中的地方财政竞争[J].财经研究,2004(1):21-30.

周加来,李刚.区域经济发展差距:新经济地理、要素流动与经济政策[J].经济理论与经济管理,2008(9):29-34.

周黎安.中国地方官员的晋升锦标赛模式研究[J].经济研究,2007(7):36-50.

周锐波,胡耀宗,石思文.要素集聚对我国城市技术进步的影响分析——基于OLS模型与门槛模型的实证研究[J].工业技术经济,2020(2):110-118.

周业安,宋紫峰.中国地方政府竞争30年[J].教学与研究,2009(11):30-38.

朱承亮,师萍,安立仁.人力资本及其结构与研发创新效率——基于SFA模型的检验[J].管理工程学报,2012(4):58-64.

朱翠华,武力超.地方政府财政竞争策略工具的选择:宏观税负还是公共支出[J].财贸经济,2013(10):38-48.

朱德云,孙若源,王斌.财政竞争与要素配置空间选择——基于2000—2013年DMSP/OLS夜间灯光数据[J].山东财经大学学报,2019(1):36-49,84.

朱平芳,徐伟民.政府的科技激励政策对大中型工业企业R&D投入及其专利产出的影响——上海市的实证研究[J].经济研究,2003(6):45-53.

朱长存,顾六宝.地方政府竞争策略选择的博弈分析[J].河北经贸大学学报,2007(1):11-15.

卓乘风,邓峰.创新要素流动与区域创新绩效——空间视角下政府调节作用的非线性检验[J].科学学与科学技术管理,2017(7):15-26.

踪家峰,李蕾,郑敏闽.中国地方政府间标尺竞争——基于空间计量经济学的分析[J].经济评论,2009(4):5-12.

附　录

2018 年部分城市一般公共预算支出、税收收入、一般公共
预算中的非税收入、专利申请总量数据汇总表

城市	一般公共预算 支出/万元	税收收入 /百万元	一般公共预算中的 非税收入/百万元	专利申请 总量/件
遵义市	6774865	20171.00	5042.63	6938
自贡市	2422700	3998.52	2042.39	2568
淄博市	4746250	27407.28	11115.94	9336
资阳市	1917986	3049.00	2235.90	692
驻马店市	5481483	9804.62	4122.81	3045
株洲市	4562770	12688.05	6244.17	7192
珠海市	5725211	26028.04	7118.98	29660
周口市	6186475	9047.84	3885.71	2250
重庆市	45409487	160303.02	66251.19	59456
中卫市	1625528	1615.00	647.46	1270
中山市	4378919	23467.25	8055.44	43217
郑州市	17633376	85950.35	29255.14	55900
镇江市	4084115	24124.00	6026.11	22597
肇庆市	3157167	8195.70	2408.51	6550
昭通市	4600158	5928.00	1893.00	595

续表

城市	一般公共预算支出/万元	税收收入/百万元	一般公共预算中的非税收入/百万元	专利申请总量/件
长治市	3237265	11510.00	3556.96	1464
长沙市	13007895	61613.38	26357.34	36950
长春市	8943429	37005.62	10795.79	17610
张掖市	1610043	1420.56	1363.69	3211
张家口市	5602556	10262.89	5427.11	2065
张家界市	1755791	2325.50	1140.13	701
湛江市	4813650	9027.47	3156.46	4112
枣庄市	2597389	10717.10	3953.34	5297
运城市	3378723	5605.00	2469.08	1969
云浮市	2156139	3761.68	2002.67	1529
岳阳市	5317647	9174.69	5214.39	3157
玉林市	3679579	6296.30	4316.70	2997
永州市	4608076	7995.18	3814.99	2668
营口市	2277647	10611.29	2521.73	1551
银川市	3632756	11823.00	5502.45	4820
益阳市	3563421	4849.14	2266.26	3751
宜昌市	5035790	16660.00	7064.00	10170
宜宾市	4160183	10687.95	5400.88	2354
伊春市	1566785	1095.56	693.01	374
阳泉市	1239346	4210.00	1551.66	745
阳江市	2262148	4496.53	1765.12	3466
扬州市	5633867	27211.00	6792.00	30850
盐城市	8400801	30506.00	7594.00	27025
延安市	3976883	10154.89	4679.09	865

城市	一般公共预算支出/万元	税收收入/百万元	一般公共预算中的非税收入/百万元	专利申请总量/件
烟台市	7559881	45125.93	18536.32	11839
雅安市	1305375	2981.54	1021.35	1220
宣城市	2893598	10429.72	4877.30	6633
许昌市	3187361	11750.36	4863.49	8989
徐州市	8808594	41677.00	10944.00	23582
邢台市	4948361	10042.00	4858.00	5757
信阳市	5227521	7759.65	3301.35	2511
新乡市	4038681	12565.91	4700.32	10113
忻州市	3137790	5450.00	2696.38	626
孝感市	3825169	9561.25	3457.52	5262
襄阳市	6709664	20546.00	9006.00	7007
湘潭市	3074651	8027.29	4598.69	4586
咸阳市	3465492	7251.00	1658.38	5210
咸宁市	2483444	6217.00	2915.00	2719
西宁市	2974766	7758.00	1536.55	3127
武威市	2011004	1577.18	1467.48	1489
武汉市	19293075	129421.00	23449.00	56685
梧州市	2618176	4186.00	3810.00	1559
吴忠市	2048878	2220.00	1237.24	1064
无锡市	10559376	86051.00	15177.00	54240
乌鲁木齐市	6597858	32137.00	13690.53	5502
乌兰察布市	3498104	3506.00	1114.29	604
温州市	8741367	41092.78	13664.87	47011
潍坊市	7334934	45825.25	11154.73	19667

续表

城市	一般公共预算支出/万元	税收收入/百万元	一般公共预算中的非税收入/百万元	专利申请总量/件
威海市	3638370	23033.02	5411.12	6689
通辽市	3753581	5717.00	1831.52	696
通化市	2485978	3754.30	1770.84	526
铁岭市	2120024	3780.06	1440.09	977
天水市	2913421	2750.37	1912.90	760
天津市	31045305	162483.91	48140.06	79833
唐山市	7492880	32420.00	10820.00	8553
泰州市	5323571	28580.00	7135.00	24830
泰安市	3810385	15795.06	6157.63	6214
太原市	5424589	29693.00	7629.75	10931
遂宁市	2522120	4333.03	2051.44	1908
随州市	1541363	3618.00	1120.00	1327
绥化市	4235636	3822.73	2275.61	877
宿迁市	4335422	17320.00	3300.00	12831
苏州市	19527090	192954.00	19045.00	127081
松原市	2676698	2752.74	1753.72	389
四平市	2904321	2796.53	1484.98	1075
朔州市	1738833	6610.00	2430.30	359
双鸭山市	1501267	1819.93	833.17	369
石家庄市	9916127	38659.00	13311.00	17501
十堰市	3741417	8087.00	3243.00	4171
沈阳市	9654417	57807.95	14256.30	21275
深圳市	42825379	289963.34	63880.80	217933
邵阳市	5481565	5668.01	3755.58	3915

城市	一般公共预算支出/万元	税收收入/百万元	一般公共预算中的非税收入/百万元	专利申请总量/件
韶关市	3392688	6021.34	3448.75	5233
上海市	83515363	628504.00	82311.00	140205
商丘市	5025683	10852.81	4513.12	3080
汕尾市	2519210	2737.80	1445.40	3518
汕头市	3271013	10110.84	3041.62	14972
厦门市	8924985	60309.00	15145.12	29603
三亚市	1788124	7615.57	2426.91	352
三明市	2970992	7236.00	3528.21	3161
三门峡市	2439183	8460.58	3559.59	991
日照市	2595536	13259.79	2717.44	3196
泉州市	6323844	38410.00	9006.39	47665
曲靖市	4772448	10222.50	3967.50	1745
庆阳市	2516875	3902.17	1406.42	743
清远市	3420096	8067.69	3122.05	4379
青岛市	15597764	90586.79	32604.59	53830
秦皇岛市	2912487	9357.75	3985.64	4769
齐齐哈尔市	4828943	5335.86	2153.83	1841
七台河市	942751	1913.46	834.04	276
濮阳市	3100622	6774.69	2390.86	1796
平凉市	2127461	2088.15	958.82	535
平顶山市	3625534	11355.06	4080.94	3484
盘锦市	2055103	10897.90	2671.52	1439
攀枝花市	1379392	4335.44	1814.82	2159
宁波市	15941000	116368.86	21599.79	64478

续表

城市	一般公共预算支出/万元	税收收入/百万元	一般公共预算中的非税收入/百万元	专利申请总量/件
内江市	2433876	4060.54	2109.04	1994
南阳市	6486481	12217.66	5972.34	6399
南通市	8771843	50398.00	10221.00	33984
南平市	2964198	6300.19	3151.36	2578
南宁市	6979853	26138.00	9758.00	10938
南京市	15327156	124249.00	22753.00	87153
南充市	4952197	7076.80	4312.83	2367
牡丹江市	2487441	4302.89	1645.50	738
绵阳市	4081461	7862.08	4592.11	9087
梅州市	4451363	6955.85	2752.93	2722
眉山市	2352957	6320.60	3999.14	1797
茂名市	4234738	8414.51	5199.10	3285
吕梁市	4098472	13820.00	3660.28	1086
漯河市	1840610	6852.04	1983.65	1992
洛阳市	5974673	22939.13	11327.60	12223
泸州市	4121544	10054.40	4954.65	2635
娄底市	3032858	4761.49	2268.57	2182
陇南市	2627855	1561.79	1133.55	412
六盘水市	3235131	10836.00	3336.56	1570
柳州市	4244314	13660.00	5718.00	7756
临沂市	6391287	26398.65	4785.02	8575
临汾市	3859235	8930.00	3671.93	1530
临沧市	2673037	2371.00	2046.00	286
聊城市	4092080	14521.34	4905.69	4810
辽源市	1212277	1079.33	704.32	268

城市	一般公共预算支出/万元	税收收入/百万元	一般公共预算中的非税收入/百万元	专利申请总量/件
辽阳市	1594229	7162.99	1775.91	1214
连云港市	4195660	18745.00	4686.00	7765
丽水市	4320191	10511.84	2489.22	10638
丽江市	1673043	2637.60	1649.40	330
乐山市	3028632	6672.30	4319.69	2255
兰州市	4656417	19262.34	6069.35	8873
莱芜市	1003535	5041.81	1215.06	7
来宾市	1837638	1713.16	1065.73	930
昆明市	7568044	47707.00	11856.00	20427
克拉玛依市	1319907	7900.00	2148.60	661
开封市	3684323	10279.98	3784.02	2709
酒泉市	1372051	2324.32	1327.82	1142
荆州市	4331818	9287.00	4144.00	4445
荆门市	2693071	7629.00	2947.00	4131
晋中市	3226368	9910.00	5171.10	2098
晋城市	2284586	8750.00	3780.28	963
锦州市	2686027	7962.42	2071.75	2008
金昌市	627625	1839.49	468.45	750
揭阳市	3137361	5205.93	2728.01	5723
焦作市	2689631	10227.35	4323.24	5726
江门市	3778763	17303.68	7101.11	17453
嘉峪关市	325543	1604.13	363.97	482
嘉兴市	5888689	40827.95	11027.41	43252
佳木斯市	2727936	2747.59	1379.36	1288

续表

城市	一般公共预算支出/万元	税收收入/百万元	一般公共预算中的非税收入/百万元	专利申请总量/件
济宁市	6196247	28973.13	11028.53	10675
济南市	10182539	61945.82	13335.80	35024
吉林市	4119428	7694.36	2733.22	1881
吉安市	4845240	11182.00	5653.13	5255
鸡西市	1612540	2403.89	1010.74	480
惠州市	5442151	28067.81	11232.77	17660
黄石市	2464970	8203.00	3499.00	4959
黄山市	1856147	4080.00	3681.48	1971
黄冈市	4826328	9258.00	4666.00	4203
淮南市	2451702	7345.30	3192.61	4179
淮安市	4867707	20349.00	4378.47	12907
怀化市	4622431	6298.79	2673.25	2909
湖州市	3975433	24090.00	4619.60	32752
葫芦岛市	2381520	5886.93	2339.72	1294
呼伦贝尔市	4493423	6548.00	2056.03	535
呼和浩特市	3567396	17220.00	3251.98	4716
衡阳市	5314820	10337.14	5797.75	5576
黑河市	2140881	1690.90	1748.09	514
鹤岗市	1156562	1646.93	877.07	229
鹤壁市	1305781	4573.16	1880.93	1188
贺州市	1927463	2025.24	1224.54	1460
菏泽市	5518422	16553.83	4049.38	5414
河源市	3349373	5246.94	2448.24	4306
河池市	3522435	2420.31	1572.47	1098
杭州市	17170834	154509.78	27996.38	89158

续表

城市	一般公共预算支出/万元	税收收入/百万元	一般公共预算中的非税收入/百万元	专利申请总量/件
邯郸市	6259998	16580.00	7760.00	5738
海口市	2382473	15050.51	1937.41	4136
哈尔滨市	9621654	32441.20	5995.51	18390
桂林市	4558597	7455.39	7630.02	5603
贵阳市	6242193	31984.39	9149.63	16173
贵港市	2638065	3989.00	1733.00	1871
广州市	25061818	129724.21	33698.21	146620
广元市	2770144	3026.84	1742.23	977
广安市	2890322	4811.86	3193.38	1968
固原市	2405892	1027.00	699.00	408
阜新市	1590218	2706.86	1494.51	1062
抚顺市	2096170	6545.60	2394.13	1577
佛山市	8065443	51816.75	18497.43	85308
防城港市	1273399	3264.65	1133.01	259
鄂州市	1225496	4097.76	1694.99	1017
鄂尔多斯市	5864781	33710.00	9635.88	1727
东营市	3062955	17670.29	6788.28	5178
东莞市	7654053	54823.60	10167.50	85717
定西市	2509407	1521.60	884.14	474
德州市	4141460	15559.34	4692.32	5978
德阳市	2719508	7648.51	4109.62	5953
丹东市	2160928	5396.12	1942.87	1391
大同市	3339906	8870.00	3099.11	1830
大庆市	3006786	12051.18	3035.34	2795

续表

城市	一般公共预算支出/万元	税收收入/百万元	一般公共预算中的非税收入/百万元	专利申请总量/件
大连市	10014898	53871.32	16527.25	19645
达州市	4186791	6313.78	3788.68	1516
崇左市	2575384	1929.00	1176.10	622
承德市	3771658	8210.00	2250.00	1678
成都市	18374238	106779.69	35635.81	84851
郴州市	4173001	9062.31	4301.83	2706
潮州市	1851217	3173.02	1564.04	6127
朝阳市	2680958	4996.82	2044.86	790
常州市	5948173	48938.00	7095.00	36413
常德市	5481220	11331.07	6107.70	3776
沧州市	6222522	16063.02	10276.98	6015
滨州市	3453216	18422.27	5631.68	5107
本溪市	1514621	4753.12	1510.46	748
北京市	74675240	498883.02	79708.74	201749
北海市	1755302	4988.64	2179.68	1549
保定市	10504715	17623.19	10246.81	10412
包头市	3645197	11140.00	3134.91	2853
百色市	3937169	5098.00	3374.00	1227
白银市	1622584	2168.74	938.58	780
白山市	1915758	1541.79	730.61	231
白城市	2708541	2082.76	2026.15	356
巴中市	3158814	2654.56	1891.24	1009
巴彦淖尔市	2667068	4250.00	1303.84	597
鞍山市	2773957	12675.80	2468.08	3091
安阳市	3612316	11700.32	3704.99	3434